LE COURAGE D'ÊTRE ICI

MANON BRETON

LE COURAGE D'ÊTRE ICI

... UN AUTRE REGARD SUR QUATRE NOBLES VÉRITÉS

Le Dauphin Blanc

Catalogage avant publication de Bibliothèque et Archives nationales du Québec et Bibliothèque et Archives Canada

Breton, Manon, 1965-
Le courage d'être ici : ... un autre regard sur 4 nobles vérités
ISBN 978-2-89436-989-0 (couverture souple)
1. Pleine conscience (Psychologie). 2. Quatre nobles vérités. 3. Souffrance - Aspect psychologique. I. Titre.
BF637.M56B73 2017 158.1 C2017-941391-0

Avec la participation financière du gouvernement du Canada. | Canadä

Nous remercions la Société de développement des entreprises culturelles du Québec (SODEC) pour son appui à notre programme de publication.

Gouvernement du Québec – Programme de crédit d'impôt pour l'édition de livres – Gestion SODEC.

Illustrations : Stéphane Breton
Infographie de la couverture et mise en pages : Marjorie Patry
Révision linguistique : Sylvie Provencher

Éditeur : Les Éditions Le Dauphin Blanc inc.
Complexe Lebourgneuf, bureau 125
825, boulevard Lebourgneuf
Québec (Québec) G2J 0B9 CANADA
Tél. : 418 845-4045 Téléc. : 418 845-1933
Courriel : info@dauphinblanc.com
Site web : www.dauphinblanc.com

ISBN version papier : 978-2-89436-918-0
ISBN version numérique epdf : 978-2-89436-919-7
ISBN version numérique epub : 978-2-89436-920-3

Dépôt légal : 4e trimestre 2017
Bibliothèque nationale du Québec
Bibliothèque et Archives Canada

Données de catalogage disponibles auprès de Bibliothèque et Archives nationales du Québec.

Imprimé au Canada

à toi Camille,
belle enfant devenue femme,
mon amour t'est éternel.
Chacun de nos moments est une fête.

à toi Stéphane,
mon frère, mon meilleur ami.
Ton accueil inconditionnel souffle sur mes nuages.

à toi Marguerite,
mère exceptionnelle.
Ton enseignement de l'amour,
ton dévouement sans retenu
m'ont mise au monde.
Ma gratitude t'est infinie, je te dois la vie.

Merci chers amis,
à vous qui avez lu et avez su enrichir ces histoires de vos lumières et corrections,
et à vous qui m'avez ouvert votre maison afin que j'y dépose mes mots en toute sécurité,
enfin à vous qui m'avez soutenue et aimée.

Merci à monsieur Jean-Noël Pontbriand, ami et mentor, pour ses touchants et précieux poèmes inédits.

Tu as beau calculer
sur le bout de tes doigts
tu ne te rendras jamais
au bout de cette clameur
qui monte en toi
chaque fois que tu interroges
le temps
l'éternité se lève en contrejour
tu la vois s'imposer à l'ensemble
du continent nouveau que tu fréquentes
chaque matin te laissant prendre
par la main comme si c'était encore
ta mère qui t'amenait
quelque part entre l'horizon
et la barre du jour
qui se lève en toi.
Tu es encore trempé dans la nuit
des sens et du sang
que tu entends rouler dans tes veines
lorsque tu te laisses prendre à ce jeu
qui n'en est pas un
de la vie qui exige de toi
la poursuite de ses vœux.

Extrait du recueil inédit, *Les voix du silence*, de Jean-Noël Pontbriand.

OUVERTURE d'un PARCOURS

Vous êtes ici pour permettre à la mission divine de l'univers de se déployer.
Voilà à quel point vous êtes important !

Eckhart Tolle

Je n'ai de but que de m'éveiller et n'en ai point de vous convaincre de contempler cette même visée. C'est devant moi-même que prend le sens de ces lignes, de ce partage d'une vision qui est la mienne, d'une humanité qui est la nôtre.

Au-delà de toutes religion, philosophie, doctrine ou théorie, les difficiles expériences que l'on traverse portent en elles un bijou dont l'éclat est à la mesure de l'effort que l'on a déployé pour le conquérir.

Dans ce partage de mes chutes et guérisons, je vous souffle les méthodes et approches dont j'ai mesuré la valeur de l'impact sur ma propre existence. Existence brodée d'une intensité particulièrement soutenue tout au long des années, des voyages et des rencontres significatives multiples. Puisque tous les parcours sont uniques et porteurs de guérisons, dès lors que j'ai pris conscience des épreuves qu'on m'invitait à dépasser, et du potentiel de libération que ces épreuves me proposaient, l'existence devint une école, le lieu d'apprentissage par excellence, sachant que je recevais uniquement les problèmes pour lesquels j'avais la capacité de solutionner. J'étais convaincue que tout ce qui m'était présenté contenait un message m'étant désigné personnellement. Fut-il réconfortant ou menaçant, ce message renfermait la clé de mon affranchissement.

Alors, comment passer de la drogue au mantra, de la colère à l'euphorie cellulaire, du sexe à l'amour, de la peur à la danse, de la maladie au yoga. J'ai expérimenté les antipodes d'une vie, à la poursuite de sensations fortes, et c'est dans une transmutation lente de mes vulgaires vertus en nobles valeurs que l'alchimie mystique exerça sur moi un travail de maître, discret et incisif. J'ai découvert en des expériences sacrées, des zones lumineuses, me donnant accès à une intelligence sensible et à une relation au monde réel, souvent invisibles à l'œil nu.

Dans un passé truffé de calamités et saturé d'épreuves, en des lieux sombres où la lumière était synonyme de menace, je me suis d'abord perdue et, lentement, j'ai cherché à tâtons les directions vers un mieux-être éventuel, menant à la purification de toutes empreintes passées et futures. Accompagnée dans ce voyage par des maîtres authentiques et rayonnants, je me suis dédiée à cette voie de sagesse et de libération, délivrant graduellement les parcelles en moi encore prisonnières de jugements, de remords et d'amertume.

Aujourd'hui, je me libère d'une culpabilité insidieuse circulant dans de vieilles veines appartenant à un corps autre que celui du maintenant. Je m'ouvre la porte sur le monde de l'amour, de la joie et du pouvoir de me pardonner. Je ne suis plus la femme que j'étais hier, et ne serai plus demain celle qui écrit ces lignes, mais un amalgame de ces femmes qui m'ont habitée, car elles existent quelque part en des mondes parallèles, à proximité de mon intimité. Au cours de cette démarche, j'ai quitté ces fragments de moi-même et me suis rassemblée en un seul espace, en un seul corps, en une vibration unique.

C'est en la pratique quotidienne de la méditation et de la présence à soi que ma capacité au bonheur s'est manifestée, au cœur du quotidien, dans le tangible des relations et des obligations. Les moindres inconforts, malaises et égarements doivent être vus avec une lucide honnêteté, dans la flexibilité et l'ouverture. Le courage d'un tel regard mène au centre de soi, de son propre vortex lumineux, celui-là même qui séparera un jour le monde relatif du monde réel, le visible de l'invisible.

En ces pages, je vous partage les leçons de vie m'ayant menée à une existence plus sereine, à un esprit plus calme, dans un corps disposé à vivre sereinement l'aventure de tout un siècle, sous les battements d'un cœur qui s'est ouvert et qui a aimé de mieux en mieux les êtres qui l'ont croisé.

Les mots résonnent en fréquences variées pour chacun, selon son parcours unique et impénétrable. Il est impossible de mesurer la trajectoire de mes mots, la couleur par laquelle vos yeux les percevront et la musique sur laquelle ils voyageront pour pénétrer en vous. Les paroles, une fois manifestées, ne sont plus de notre essence, mais résonnent dans la globalité du tout, dans la vastitude des possibles.

Je m'incline encore tous les jours devant tant de privilèges et porte en mes cellules une infinie gratitude.

Une LÉGENDE

Il y eut un temps où tous les humains étaient des dieux. Jusqu'au jour où ils abusèrent de leur divinité, alors Brahmâ, le maître des dieux, décida de leur enlever leur pouvoir divin et de le cacher à un endroit où il leur serait impossible de le retrouver, mais où... ?

Lorsque les dieux du conseil furent convoqués, ils proposèrent ceci :
« Enterrons la divinité de l'humain dans la terre.»
Mais Brahmâ répondit : «Non, cela ne suffit pas, car l'humain creusera et la trouvera.»
Alors les dieux répliquèrent : «Dans ce cas, jetons la divinité de l'humain dans le plus profond des océans.»
Mais Brahmâ répondit : «Non, car tôt ou tard, l'humain explorera les profondeurs de tous les océans.»
Ils proposèrent ceci : «Cachons la divinité de l'humain dans le ciel.»
Mais Brahmâ répondit : «Non, car l'humain volera très haut un jour, jusqu'au bout du ciel.»
Alors les dieux conclurent : « Nous ne savons pas où la cacher car il ne semble pas exister sur terre ou dans la mer d'endroit que l'humain ne puisse atteindre un jour.»
Alors Brahmâ dit : «Nous la cacherons au plus profond de lui-même, car c'est le seul endroit où il ne pensera jamais à chercher.»

Depuis ce temps, conclut la légende, l'humain a fait le tour de la terre, il a exploré la lune et le ciel, escaladé, plongé et creusé à la recherche de quelque chose qui se trouve en lui.

Légende hindoue, auteur inconnu

le BOUDDHA
de l'humain au divin

Presque tous les sentiments douloureux ont leur source dans la manière incorrecte de regarder la réalité. Quand vous déracinez les vues erronées, la souffrance cesse. – le Bouddha

«Maman, c'est qui Bouddha?»

À cette question de ma fille de 10 ans, qui connaissait l'existence de Bouddha sans comprendre sa position dans le monde, je répondis :

«C'est un prince qui a décidé de quitter son château parce qu'il préférait aller aider les gens à être plus heureux en leur apprenant à rire, à s'aimer et à jouer. Il est intelligent et très généreux.»

«Cool», dit-elle impressionnée.

À 17 ans, elle me demanda :

«Mom, c'est qui Bouddha pour toi?»

Je lui répondis alors :

«C'est un anarchiste, un visionnaire déterminé qui bouscule les conventions et mène à terme l'objectif de millions d'humains de se libérer du poids de la vie.»

«Vraiment cool», répondit-elle.

Puis à 25 ans et 50 ans, nous sommes aujourd'hui d'accord toutes les deux,

«Bouddha, c'est un homme qui rock !!»

Ses enseignements sont mes fondations, ses nobles vérités mes balises.

Siddharta Gautama, nommé le Bouddha, vécu au Ve siècle av. J.-C. Il était un homme tout en chair et en os, dont la destinée allait modifier d'innombrables expériences humaines sur plusieurs siècles, et plusieurs continents.

Il était fils du roi Shuddhodana et de la reine Maya qui mourut sept jours après avoir donné naissance à cet être dont la destinée nous importe aujourd'hui.

En bas âge, l'enfant prince s'assied sous un arbre bienfaisant et connut sa première expérience de méditation, l'annonce d'une vie d'exception. À l'âge de seize ans, Siddharta Gautama épousa une jeune princesse qui lui donna un fils. Il vécut avec sa famille dans le royaume du roi son père, qui avait été prévenu par des prêtres « clairvoyants » de deux destinées possibles pour son fils : la vie d'un futur roi régnant ou celle d'un ascète, méditant dévoué à la prière et à la perfection morale. La décision du père était claire, son fils Siddharta règnerait un jour en roi et maître. Afin de s'assurer que le prince n'ait aucune intention de partir en ermite sur les routes, chemin communément emprunté par les chercheurs de vérité de cette époque, il le confina dans les murs du palais, l'entourant de plaisirs, de facilités et d'aisances, afin de le préserver des connaissances et des souffrances de l'existence humaine.

À 29 ans, curieux de voir ce qui existait hors des murs du château, Siddharta sortit secrètement du royaume, accompagné de son cocher, et y découvrit avec stupeur les afflictions et mortifications du peuple. Il fut bouleversé par la misère dont il avait été préservé et dont il était témoin. Quatre rencontres éveillèrent en lui de profondes prises de conscience sur l'existence des souffrances de l'humain : il vit un vieillard, un malade, un mort que l'on amenait au bûcher et un ermite. À la vue de chacune de ces personnes, il demandait à son cocher l'explication d'une telle réalité, ce dernier de lui répondre que c'était le sort de tous les humains de vieillir, d'être malade un jour, et de mourir. À chacune de ces dures révélations, le prince se désillusionnait sur la vie de plaisirs que le roi s'était appliqué à lui faire miroiter. Enfin, lorsqu'il vit l'ermite, il demanda au cocher qui était cette personne aux cheveux rasés, vêtue d'une robe ocre. Le fidèle cocher lui répondit que c'était un renonçant, une personne qui dédit sa vie à l'objectif de se libérer de la vieillesse, de la maladie et de la mort, un homme dont la générosité est sans limites, qui prend soin d'autrui et qui vit dans la simplicité, loin des distractions éphémères. Siddharta chercha alors la rencontre d'un ermite, qui lui démontra ce que pouvait être la sagesse, en la possibilité de se libérer de toute souffrance. Dès lors, le thème de la souffrance dans la détérioration du corps par le temps, la maladie et la mort, allait être au centre de ses enseignements.

Il décida alors de quitter le royaume et sa famille, pour s'engager dans une vie d'ascèse, celle-là même qui avait été prédite à son père. Pendant six ans, sous la guidance de différents maîtres, accompagné de cinq ascètes, il médita rigoureusement dans une pratique austère qui faillit lui coûter la vie, sans lui apporter les connaissances qu'il aspirait acquérir. Il choisit alors de quitter cette dure pratique et de se dédier à comprendre la nature profonde de l'esprit. Il décida donc d'emprunter une voie plus douce, sans pratiques extrêmes de laxisme ou d'austérité : la voie du centre. Il quitta ses cinq compagnons qui le renièrent, convaincus qu'il abandonnait la route vers leur but commun d'éveil.

Après ce long refus de se nourrir, il accepta enfin son premier bol de riz. Ce jour-là, il vint s'asseoir en méditation sous un arbre pipal (symbole de la connaissance ultime) et fit le vœu de ne pas bouger avant d'avoir atteint l'Éveil : la libération de toute souffrance et la compréhension ultime de tout ce qui est.

Le démon de la mort et des passions le visita toute la nuit et tenta en vain de le sortir de sa méditation en l'assaillant de tentations et de terreurs, mais Gautama ne broncha pas et poursuivit sa nuit en méditation. À l'aube de ce jour ultime, il fut libéré.

Dès lors, il se fit appelé **BOUDDHA,** qui veut dire L'ILLUMINÉ.

Il demeura silencieux plusieurs jours après sa Libération, persuadé que la profondeur de la vérité qu'il avait découverte la rendait presque impossible à partager. Moines et ascètes furent bouleversés par son rayonnement et se prosternèrent aussitôt, l'implorant de leur partager ses enseignements.

Bouddha leur prodigua son premier sermon, celui qui définira l'ensemble de son message de libération en la pratique des Quatre Nobles Vérités :

1re vérité : Il y a souffrance.
2e vérité : Il y a une cause à cette souffrance.
3e vérité : Il y a cessation de la souffrance.
4e vérité : Il y a une voie qui mène à la cessation de la souffrance.

Bouddha énonça que la vie est souffrance, que l'illumination est accessible à tous les êtres et qu'elle ne relève pas d'activités occultes ou ésotériques. Il enseigne sur les routes de ses voyages, que la souffrance réside en l'absence de conscience du moment présent et que la première façon de revenir à ce présent est de pratiquer la méditation. La pratique qu'il enseigne consiste à porter son attention au mouvement de la respiration, tout en demeurant attentif aux pensées et aux émotions qui émergent. Ses enseignements expliquent que celui qui exerce cette pratique assidûment expérimente un calme intérieur, un détachement, et atteint un état de paix absolue, voire d'illumination. Il devient alors un bouddha. La voie du Bouddha est la VOIE du MILIEU. Sans excès, mais dans l'action et la réalité.

Il enseigna cette pratique aux plus riches, aux plus pauvres, à tous ceux qu'il croisa, sans discrimination. C'est ainsi que le bouddhisme vu le jour.

Les 4 Nobles Vérités sont encore aujourd'hui inaltérées et à la base de nombreuses philosophies et approches psychologiques, tel le *Mindfulness.* Ces enseignements, lorsque bien assimilés et appliqués dans la vie quotidienne, libèrent l'humain de toute illusion, limitations mentales et émotions maîtresses et dictatrices d'existence.

Quand nous touchons notre souffrance avec pleine conscience, nous commençons à la transformer. – Thich Nhat Hanh

Pourquoi ces enseignements vieux de 2500 ans refont-ils surface de façon fulgurante dans le monde occidental ? Parce que notre mal-être est à son apogée. Nous n'en pouvons plus de nous sentir inconfortable ou fatigué, ou en course perpétuelle vers un demain que l'on espère plus clément et consolant. Mais pourquoi ce demain serait-il plus serein si aucun changement de pensée ou de comportement n'est instauré ? Le prince Siddharta ne savait pas qu'il était prisonnier des plaisirs et des avoirs avant qu'il réalise qu'il y avait aussi souffrance en lui. Non seulement nous ignorons que nous vivons totalement déconnectés de nous-même, mais nous sommes à la poursuite d'un bien-être dépendant des conditions extérieures. Du politicien à la sage femme, du bourreau à l'enfant, germe la souffrance au cœur même de l'humanité. C'est à travers les expériences d'hier et de demain que les douleurs et leurs guérisons prendront forme.

Le Bouddha nous dit que la souffrance est la clé de la guérison ! Transformer la souffrance, s'en servir comme clé pour ouvrir la porte de la joie et de l'amour, est la quête du guerrier attentif et bienveillant. Demeurer vigilant est une attitude maîtresse. Les situations continueront de proposer des défis, mais c'est dans la vigilance que nous passerons d'une vérité à l'autre, de façon continue et parallèle à la fois. La vie est un Boléro de Ravel, tout en crescendo, prenons le temps de vivre chaque note dans son unicité, de vibrer sur chaque blanche pointée jusqu'à son essoufflement, de s'ouvrir à la force maîtresse de la création : l'amour. Car nous sommes, à tout moment, l'ensemble de nos possibles.

Les quatre nobles vérités sont, depuis des décennies, lumières et conseillères sur mon expérience et la quête de mes guérisons. Je parcours avec vous leur enseignement, parfois subtil, mais toujours à l'œuvre.

Jésus et Bouddha demeurent à ce jour mes héros, des hommes et prophètes, messagers mal compris, devant qui je me prosterne.

FAIBLESSE devenue FORCE

Le jour où j'ai compris qu'il était à ma portée de me réaliser, de m'affranchir des souffrances incessantes de ce monde relatif, mon regard sur la vie changea radicalement. Tout ce qui m'intéressa alors fut de savoir «comment» me défaire des chaînes qui me gardaient prisonnière de moi-même. J'allais devoir suivre les principes millénaires d'une voie de guérisons et de révolutions irréversibles, une méthode qui avait fait ses preuves. Je m'inspirai du chemin emprunté par des hommes et des femmes modestes et discrets, qui, munis d'une sagesse acquise dans la vigilance et l'humilité, passèrent du monde de l'illusion à celui de l'Absolu. Je me nourris des paroles de ceux-là même qui étaient parvenus à l'équanimité.

Je rechoisis, tous les matins, de marcher jusqu'à la liberté.

Cette intensité qui, au cours de ma vie, m'avait fait poser des gestes inadéquats, cette exagération qui m'avait fait me perdre et me sauver, cette sur-émotivité qui m'avait fait aimer un matin sans mesure et repousser le soir sans regret, allait me servir dans cette laborieuse démarche de transformation. Ma façon excessive d'aimer, de prendre des décisions, de travailler, de réagir, allait me sauver la vie. Malgré les résistances presque insurmontables du Mental, mon intensité me poussa dans une quête d'éveil, convaincue que l'objectif était à ma portée. J'utilisai mes plus grandes faiblesses, EXCÈS et INTENSITÉ, et en fit des outils indispensables à ma mutation. Le but n'étant pas de changer du tout au tout, mais de laisser tomber les comportements et pensées dont je n'avais plus besoin pour entrer en contact avec ce qu'il y a de naturel en nous, la joie et la sérénité.

Le désert, je le traversai comme Bouddha et Jésus l'ont traversé, harcelée sans répit par mes démons insidieux, avides d'angoisses, manipulateurs de pensées, et puissants perturbateurs de psyché.

Sous le poids de la peur, je pliai l'échine pour me laisser glisser au creux de la lassitude, épuisée du combat incessant contre des vertiges impromptus. Harcelée de flatteurs d'égo et d'illusionnistes, je perdis pied... pour lentement, progressivement, me relever.

Rien n'est permanent. Dans la vigilance, j'observe ma position, mes états, en me rappelant que je suis déjà ce que je tente de devenir...libre.

L'expérience humaine est une série de
moments charnières,
les chérir et les accueillir dans la confiance
dispose à la compréhension de leur
enseignement.

1re noble Vérité

IL Y A SOUFFRANCE

OBSERVER

Cette première étape vers un mieux-être est de constater, dans la lucidité, que nous sommes en souffrance. Ceci peut sembler simple, mais cette constatation est en soi un engagement et un exercice d'honnêteté et d'intime transparence avec soi-même. Cette souffrance, soit-elle fine et discrète ou envahissante, se camoufle sous des compensations et automatismes nocifs, et demeure à l'œuvre à notre insu entre les exigences sociales et les défis personnels. Plus le malaise est grand, plus la résistance à le reconnaître sera puissante.

La souffrance, dans notre vie quotidienne, est une expression de ces maux / mots :

inquiétude, dépendance, envie, tension, tristesse, égarement, lassitude, détresse, résistance, désarroi, colère, anxiété, dépression, fatigue, maladie, et tout autre état de mal-être physique, émotionnel et psychologique dans lequel nous nous enlisons.

Le danger, ou plutôt devrais-je dire le drame de notre réalité collective actuelle, est dans l'abondance et l'accessibilité aux compensations à la souffrance, aux moyens d'engourdir le corps et de distraire temporairement l'esprit. Nous avons à portée de main des moyens de diversion conçus dans le but précis d'endormir nos douleurs et d'hypnotiser notre esprit critique, un esprit trop alerte et menaçant pour une administration sociale désintéressée à l'épanouissement de ses membres.

Lorsque nous sommes engagés dans une bataille interne, obnubilés par nos blessures, nous perdons la capacité de voir l'ampleur de nos comportements et réflexes néfastes, créés par le mal-être. De précieuses opportunités de se dégager de ses inconforts se présentent à nous régulièrement, mais nous ne sommes pas présents pour les entendre ou les saisir.

Nous avançons les yeux clos dans ce jardin d'éden, insensibles aux autres et à la nature, ignorant les merveilles des lieux et les messages que la vie nous offre. Nous déambulons cul-de-jatte, sous l'emprise de pensées oppressantes, créatrices de scénarios perfides. Nous errons en nos vies, las de nous mentir sur un bonheur dans lequel on ne parvient pas à se déposer.

Et pourtant, il n'est pas facile de lui dire adieu à cette souffrance, parce qu'on la connaît, on y est attaché, elle nous est familière. Pourquoi est-il si difficile de quitter une relation toxique, soit-elle amoureuse, professionnelle ou amicale, même lorsque nous souffrons intensément ? Parce que l'inconnu nous effraie. En fait, ce qui nous effraie, c'est un inconnu que l'on imagine à l'aide de peurs anciennes enregistrées en nos cellules. Nous appréhendons ce que notre imagination nous propose comme «future» situation. La démarche proposée ici est d'abord d'observer les tensions, le malaise à l'œuvre, sans intervenir. Devenir l'observateur de ses états émotifs, psychologiques et physiques est le premier pas vers la possibilité de se libérer de maux qui nous empoisonnent depuis longtemps, d'avancer avec confiance, avec moins de résistance et de peur, de façon lucide et consciente.

Passer d'une **souffrance dans l'ignorance**
à une **souffrance dans la conscience**

Plusieurs maîtres, anciens et modernes, ont parlé de la souffrance de l'humain, mais le Bouddha en a fait la pierre angulaire de son enseignement et annonce que *la vie est souffrance* et que cette souffrance œuvre en toute personne, à tout moment. Elle n'est pas seulement physique, elle est reliée à toutes les formes de résistance et d'insatisfaction, elle émerge en l'être humain lorsqu'il refuse l'**imperfection** et l'**impermanence**. Ce grand mal-être apparaît dès que l'harmonie disparaît.

Cette première noble vérité nous parle des défis à travers lesquels l'humain chemine, vers sa possible libération. Au moment initial du début de chaque existence, avant même d'ouvrir les yeux, dans l'urgence du premier souffle de vie, le début d'un cycle d'épreuves s'amorce.

Loin de l'attitude de victimisation, il s'agit ici de regarder, dans le non-jugement et l'ouverture, ce qui nous habite. Ces «souffrances» sont de grands maîtres, elles mettent en lumière nos vulnérabilités et difficultés, une information essentielle à l'affranchissement des peurs et limites, nous restreignant à une existence de dualité avec nous-même et ce qui nous entoure.

MÉDITER

La méditation facilite l'exercice d'observation, elle permet de cheminer dans cette étape avec lucidité et respect de ses limites. Se recueillir est la méthode par excellence pour une observation profonde de son état d'être.

La naissance est souffrance
le passage entre la vie et la mort
le passage entre la mort et la vie

La vieillesse est souffrance
un état de perte et de ralentissement
un au revoir à la jeunesse, à l'autonomie

La maladie est souffrance
elle immobilise le corps et mobilise l'esprit
elle est épreuve, défi et torture

La mort est souffrance
elle est terreur dans la dualité
et libératrice dans le retour à la source

Être uni à ce que l'on déteste est souffrance
le refus d'acceptation et d'ouverture
est source de fortes tensions

Être séparé de ce que l'on aime est souffrance
l'attachement aux objets, aux individus,
aux lieux limite l'expérience

Ne pas obtenir ce que l'on désire est souffrance
plus le désir est présent plus la souffrance est grande

Toute souffrance est révélatrice d'informations inconscientes et incontournables.

BRETON

Restons un peu plus longtemps pour remettre la vie à sa place

MA MORT

J'ai toujours cru que la vie était intemporelle... et bien maintenant j'en ai la preuve.

La mort est la fin du voyage somatique et l'aboutissement de l'aventure psychique. Elle est l'extinction du corps, résultant du retrait graduel du souffle vital jusqu'à la gracieuse désunion de la noble conscience et de la persona. Le Moi dans sa manifestation physique ne sera plus, lui qui fut le véhicule de la matière, le moyen d'expérimenter le tangible à travers les sens et la chair. L'intermédiaire entre le ciel et la Terre n'est plus nécessaire aux expériences d'un ailleurs d'éther.

«*Ne l'avait-elle pas souvent initié à des enthousiasmes qui l'emportaient si haut dans l'éther de la rêverie, qu'il perdait de vue les choses de la terre?*» Henry Murger, *Scènes de la vie de Bohème*

On ne la planifie pas la mort. Bien au contraire, on la refuse, la rebute, on la nie toute une vie. On lui en veut à mort à cette faucheuse de plaisirs, saboteuse d'avenir. L'objectif premier, la garder éloignée, cette ennemie menaçante qui nous en veut pour on ne sait quoi. À force de l'annihiler, on parvient inconsciemment à croire qu'elle nous oubliera et que la vie se conclura à notre heure, à notre guise. Ce profond déni nous mène à s'imaginer que nous déciderons par nous-même, un beau soir de lune, de s'endormir sans douleur ni terreur et de ne plus se réveiller. Une mort inoffensive toute en douceur, à la Walt Disney. Notre naïveté est touchante de fragilité. Nous sommes si vulnérables dans cette incompétence à la lucidité. Pourquoi n'acceptons-nous pas que la finitude du corps physique soit partie inhérente de l'expérience ? Pourquoi cette impéritie dans notre connaissance des lois du cycle de la vie et de la mort glorifiant celle-ci comme le passage naturel et obligatoire pour tout être en cheminement. Nous errons entre deux mondes; l'illusion de l'absence de la mort et l'affirmation de nos moindres décisions basées sur sa présence.

Aussi longtemps que nous percevrons la mort comme un ultimatum, nous continuerons de s'enliser dans cette illusion de pouvoir lui échapper, moyennant quelques sacrifices ou promesses faites secrètement à un Dieu de notre choix. On court, on crie, on s'étourdit pour oublier que la mort nous suit. Puis un jour, on la voit bien présente et toute puissance. Son seul secret, l'heure et la raison pour laquelle elle viendra nous «réveiller». Où va-t-on ? Quel est ce lieu inconnu, cet espace intemporel ? Ce néant trop grand pour l'imagination de notre esprit primitif. Cette peur est viscérale et conditionne tous nos choix.

Les questions essentielles émergent lorsque le frisson pénétrant de sa propre mort bouscule les paradigmes et convictions enracinés en son ventre depuis l'enfance, une analyse lucide de sa présence avec les autres, dans l'acte de l'amour, une réévaluation juste du rapport à l'argent et aux avoirs. Puisque ces constats sont perturbants, alors on préfère ne pas y penser, jamais, jusqu'à ce que la fin nous soit annoncée et, à ce moment de vérité, on réalise que l'on a fait semblant de vivre pleinement, que l'on a joui en catimini pour ne pas réveiller la mort.

Savoir la mort errer en son jardin fait renaître la vérité des mots, la profondeur des regards. Une clarté vive s'installe sur le subjectif de chaque expérience comme une brise fraîche soulève le parfum des branches d'un lilas. Le chant sacré de la mort hypnotise la réflexion et anesthésie l'émotion, enveloppant le Mental dans le réconfort étrange d'être libéré du poids de la vie. Les perceptions et visions jusque-là prisonnières de concepts imposés se dénouent, se libèrent. Le moment où l'on entrevoit que la mort est tissée sur le même métier que la vie, le tissu n'en est que plus majestueux. Textile vivant fait de l'au-delà, vibrant des enseignements du Bouddha en son éveil, du verbe de Dieu en son Royaume, des guidances de prophètes visiteurs de cette terre.

J'ai finalement décidé d'écrire mon expérience très personnelle de la mort, parce que les quelques personnes en qui j'ai confiance m'ont incitée à le faire, convaincues que ce récit avait quelque chose à offrir à celui qui le lira. Je n'ai que très rarement parlé de cet événement, par crainte d'être identifiée à une «ésotérique illuminée», racontant son expérience «unique», mais vécue par des millions d'individus à travers le monde. J'ai appréhendé de dévoiler le contenu de cette épreuve trop rapidement identifiée comme hors du «normal», classée dans le tiroir collectif du «paranormal.» Pour toutes ces raisons, j'ai préféré me taire. Il va de soi que cette pudeur rendit difficile le choix des mots et des descriptions nécessaires, pour exposer justement une réalité indescriptible. La tâche ne fut pas de tout repos et je vous prie de lire avec un esprit ouvert l'épopée intime dont je vous partage la trajectoire, catalyseur d'une mutation perpétuelle.

Un dimanche, ma mort s'est réveillée et a lorgné ma vie d'un coup de regard fatal dans un face-à-face brutal. Depuis ce matin-là, j'étale mes écrits désirant secrètement vous convaincre qu'il n'y a ni mort ni naissance, mais que la vie n'a d'arrêt que dans nos esprits limités par nos sens et dénaturés par la barbarie des duretés humaines. La mort nous fait nous rencontrer, dans la plus intense intimité.

La mort transforme le futur et redessine le passé

LA VIE

Mon trépas. C'était un jour en famille.

Un dimanche aux pommes. Après une heure de rires et de jeux dans la voiture, nous arrivons à destination. Il y a foule au verger. Petite ferme, enfants, grands-parents, clown, ballons et maquillage. Et nous... mon frère Stéphane, sa conjointe et leur rayon de soleil de 4 ans Aimée, que je surnomme «Sunshine» depuis sa naissance, et Camille, ma fille, gracieuse fée de 24 ans, qui est à ce jour le plus grand présent que la vie ne m'ait offerte. La famille est au complet. Enthousiastes, nous marchons vers la maisonnette d'accueil y prendre sacs et jetons pour un tour de carriole et une course au trésor au centre d'un labyrinthe enchanté. Je prends Sunshine sur mon dos, comme à notre habitude, et on se dirige toutes deux vers la basse-cour. Elle fait manger les animaux dans l'innocence et la sincérité d'une communion pure entre l'animal et l'Homme.

Nous goûtons à la beauté du tout et du rien, comme on sait le faire lorsqu'on est heureux. J'observe mon frère et ma fille, eux que mes bras ont bercés et réconfortés. Depuis leur arrivée en ce monde, je leur ai encensé la vie comme une alliée en qui on peut avoir une confiance absolue. La Vie, on se la danse, on se la fête, leur ai-je chanté sur maintes mélodies. On lui demande absolument tout ce dont on a besoin pour accepter et traverser sans trop de fractures les combats qu'elle nous impose. Son objectif : nous faire progresser tout au long de cette interminable série de passages évolutifs entre deux mondes. Elle nous répond infailliblement dans un langage qui nous échappe parfois, mais que l'on apprend à déchiffrer. Car la vie, elle ne se trompe jamais. Elle est le professeur avec qui on vit une relation d'élève et de maître, d'amour et de haine. On la déteste d'avoir autant confiance en notre potentiel et en cette résilience dont on ignore l'existence, et on l'adore lorsqu'elle nous donne encore plus que ce qu'on avait espéré obtenir de nos acharnements. J'avais partagé à ces deux êtres l'intensité de vivre qui m'habite, convaincue qu'ils devaient être mis au courant de leur pouvoir absolu sur leur relation indivisible avec leur vie. Depuis le moment où ils ont ouvert les yeux sur cette existence, je suis témoin de leur authenticité et du courage de leur lucidité, goûtant chaque moment comme une expérience nécessaire au devenir du meilleur d'eux-mêmes. En ce dimanche, je les aime éternellement.

Retentissements de cloches ! Arrive une carriole tirée par un vieux cheval qui semble sourire aux enfants et nous invite à monter à bord. Les petits enjoués le remercient en chœur et s'entassent dans la charrette. Arrivés au labyrinthe, on ne sait pas du tout ce que l'on doit chercher, mais Sunshine s'amuse impunément dans le champ de maïs géants, absorbée dans l'activité proposée. Étonnamment, depuis notre arrivée au labyrinthe, je traîne un peu derrière. Moi qui suis plutôt participative de nature, je n'arrive pas à trouver en moi l'énergie de la spontanéité, mon esprit est préoccupé par je ne sais quoi me laissant dans un état de semi-présence, voire même d'absence. Camille m'en fait la remarque, s'inquiétant de cette fermeture inhabituelle. Je cherche sans intérêt, dans ce labyrinthe interminable, la couronne d'une princesse totalement ignorante des vicissitudes de la réalité et la clé en or d'un prince alpha, trop conquérant à mon goût.

Trente minutes plus tard... Maintenant que tout le monde a trouvé sa cape et son épée, ainsi que sa robe et ses souliers, on sort enfin du champ d'épis. Ding ! Dong ! Sonnent les cloches de la carriole prête à nous guider vers les vergers. Le cheval toujours aussi souriant et enjoué chantonne (probablement) pendant que les enfants grimpent à bord. Je prends Sunshine dans mes bras et l'assois près de moi, tenant sa menue main douce dans la mienne. Camille nous regarde et me sourit, dans toute sa splendeur de jeune femme habitée d'une profonde sagesse depuis l'enfance.

Le gentil cheval reprend la route qu'il connait par cœur vers un verger envahi de touristes et de grands-parents nostalgiques de leur époque en une vie rurale. Les oiseaux chantent en formation chorale, les guêpes dansent la fête autour des pommes boursoufflées de l'élixir sucré dont elles se régalent impunément, bourdonnant en cœur dans ce festival de l'abondance.

Par inadvertance, l'une d'elles est montée dans la carriole et cherche désespérément sa cohorte. Excitée et perdue à travers les corps humains, elle s'agrippe à mon poignet et, prise de panique, enfonce son dard dans ma chair. Je regarde le dard, et ma peau se gonfler. Brûlure, pincements, douleur. Camille m'observe, inquiète.

- Je suis déçue, lui dis-je, ignorant la provenance de mes mots. La promenade chevaline terminée, nous marchons vers le verger. Camille marche près de moi, protectrice, s'assurant que tout va bien.

- Tout est beau, juste une piqûre un peu dérangeante, la rassurai-je.

Mais rapidement, la démangeaison s'intensifie jusqu'au coude. Mon frère, ignorant l'événement, me remet un sac de cueillette et s'éloigne avec Sunshine. Camille me manifeste son inquiétude et se dirige vers l'accueil pour y chercher antihistaminiques ou autre médicamentation en prévention d'une allergie. Je lui indique que ce ne sera pas nécessaire puisque je n'ai aucune histoire d'épisodes allergiques. Elle insiste. Debout, seule sous un pommier lourd de sa production, je parviens à cueillir quelques pommes entre deux crises de démangeaisons. Je prends une pause, me concentre sur ma respiration, et sur le ralentissement de mes pulsions cardiaques... ah... enfin, la douleur disparaît... 1 seconde, 3 secondes, 8 secondes, 10 secondes... Un tsunami de démangeaisons soutenu par une apparition massive de rougeurs m'assaille, la poitrine, le cou, puis la tête... les brûlures prennent du terrain. Confiante en ma pratique de méditation quotidienne, je me concentre à nouveau et parviens à calmer l'intensité des attaques... mais pour quelques secondes seulement. Je n'y arrive plus. Je perds contrôle. Le sac de pommes glisse de mes mains et se vide sur le sol. De toutes mes forces, je gratte à deux mains ma tête comme si milles fourmis y travaillaient sans répit. Interpelée par l'intensité des démangeaisons, je me dirige tant bien que mal vers l'accueil y retrouver Camille. Je m'arrête en route, forcenée par l'impulsion de me déchirer la peau. Je franchis la porte de l'accueil et aperçois Camille au comptoir en conversation avec un employé.

Elle me dévisage: - Mom, c'est sérieux.

Moi de répondre: - C'est pas facile, mais ça va passer.

- Non, t'as une réaction allergique majeure, on s'en va à l'hôpital.

- NON ! NON ! Ce n'est vraiment pas nécessaire. Ça va passer, c'est juste une démangeaison, balbutiai-je.

Camille s'adresse à la propriétaire qui vient de nous rejoindre.
- Appelez une ambulance SVP.

- C'est ridicule Mimi (diminutif affectueux pour Camille), on est en plein milieu du bois. Ça va tout chambouler notre journée, affirmai-je du haut du peu d'autorité que je déploie en cet instant.

Ma fille me fixe jusqu'au fond des yeux avec une puissance qui est habituellement mienne.

- Tu vas à l'hôpital. Elle regarde la propriétaire qui cherche dans la trousse de premiers soins un produit quelconque qui pourrait diminuer les réactions allergiques.

- Appelez vite l'ambulance. Ce que la dame fit aussitôt.

On me gave de sirop antihistaminique pour enfants, puis on me traîne sous un gazébo dans la cour arrière, à l'abri de la foule cueilleuse. Mon corps est couvert d'éruptions cutanées et ma peau est rouge des pieds à la tête. Je m'agrippe aux mouvements de ma respiration. Mon frère s'approche de ma cachette, la petite Aimée dans les bras. Elle me regarde troublée, au bord des larmes. Elle cherche dans mon regard une assurance que je ne peux lui donner. Essayant de cacher ma détresse physique, je me lève rapidement de ma chaise et la regarde droit dans les yeux, là où nos rencontres ont toujours lieu. Armée de tout le calme auquel j'ai accès dans les conditions actuelles, la tête ébouriffée de m'être grattée violemment, le visage et le cou d'un rouge feu, je parviens à lui dire entre deux crises:

- Je suis bien mon Sunshine, inquiète-toi pas. Tout va bien. Va cueillir tes pommes ma chérie.

Elle me fixe. Dans son silence, elle a compris mon mensonge, elle a peur de ma peur. Elle éclate en sanglots. Stéphane quitte la scène, consolant le petit ange en pleurs qui me cherche du regard. Je parviens péniblement à rester immobile jusqu'à ce qu'elle ne puisse plus me voir... aussitôt je me gratte, me graffigne, je cherche le souffle qui m'abandonne. Camille et la propriétaire me transportent dans le garage pour y attendre l'ambulance.

Je m'écroule sur le béton gris et froid.

Camille prend mes mains dans les siennes, nourrissant un dialogue qu'il m'est difficile de poursuivre malgré mon vouloir de garder contact. Mon esprit agité se déplace à la recherche du mouvement aléatoire des démangeaisons, jusqu'à ce que mon attention s'effrite et se disperse à travers les vibrations d'un curieux silence. Je danse entre l'urgence des cris et un son profondément rassurant dont je ne parviens à saisir la provenance, il me porte, m'attire, m'enveloppe... puis à nouveau le discours continu de Camille, ses mots précis et choisis m'appelant vers elle, vers le ici... mais quel ici ? Une grande fatigue se répand progressivement, telle une huile fine s'infiltrant en mon sang, en mes organes, en ma peau et mon cerveau, délicieuse léthargie sans cafard, pénétrante lassitude sans mélancolie. Mes paupières descendent lentement comme le rideau sur le spectacle, et dans la lueur des derniers éclairages, j'entrevois mon précieux frère dans l'ouverture de la porte, figé à la vue de mon état. Il est pâle, je m'inquiète le temps d'un respire. Enfin, le rideau se ferme. Je perçois dans les mains de Camille, un mouvement d'alerte, elle ordonne à mon frère d'aller chercher un Epipen (auto-injecteur adrénaline) parmi les cueilleurs.

- C'est urgent Stéphane, elle est en train de partir.

Sa voix résonne dans la froideur du moment et des lieux.

En état de choc, mon petit frère sort dans la foule sur un terrain trop vaste pour l'urgence de sa mission, allant y chercher l'objet de ma survie. J'entends au loin sa voix brisée au-dessus des rires et des gaietés.

Mes yeux se scellent, mes lèvres se soudent, mon corps se momifie.
Le souffle de ma vie s'amincit...

... mais un lien demeure, ma fille. Elle me demande avec insistance d'ouvrir les yeux, de répondre à ses questions. *Ça ne m'est plus possible, ma chérie.* Un pore de peau à la fois, ses mains quittent les miennes, je n'ai plus accès à sa peau douce malgré que je la sais me toucher encore. Mon corps me quitte sans regarder derrière. Ou est-ce moi qui le quitte ? Je n'ai ni douleur, ni lieu pour la recevoir. Je comprends à cet instant précis que j'ai la possibilité de m'abandonner au mystérieux, de m'exposer à l'énigmatique, d'expérimenter l'inexpliqué. À cette pensée, une douleur viscérale me pénètre et voyage jusqu'au noyau de ma genèse, de mon ADN, elle me torture, sa pression broie ce qui reste de moi. Le supplice est insupportable. Vais-je donc mourir sous le poids de la douleur ? Mais d'où vient-elle ? Que porte-t-elle ? Les atomes de tous mes corps, de toutes mes vies, répondent en chœur dans un même souffle... CE N'EST PAS LA DOULEUR QUI TE FAIT MAL, C'EST TA PEUR.

Je n'ai pas MAL ! J'ai PEUR ! Je suis terrifiée... de MOURIR !

Une mobilisation, un revirement immédiat. Je refuse que la peur me domine ! Je lui refuse le droit de bousiller ma mort. En cette affirmation, je lâche instantanément prise. J'ouvre mes poings jusque-là fermés sur la vie. Je respire... J'y suis presque... Dans un effort volontaire, je saute à pieds joints dans le vide et me lance corps et âme dans la mort.

Je quitte tout et n'attends rien, contemplant le possible d'une vastitude bienveillante.

Silence dense

glissement lent

Je n'ai aucun contrôle sur le mouvement amorcé

il guide ma trajectoire vers...

l'état originel

un réconfort absolu

J'accueille ce répit, dans une paix progressivement sublime. Le baume d'une lumière cristalline s'étend sur toutes mes peurs, de l'initiale à la finale, de ma lignée de femmes à celles de mes ancêtres ... toutes... elles ne sont plus. Je baigne dans une intelligence vivante, réconciliatrice de chacune de mes fautes. Je suis de retour à ma première cellule embryonnaire, ou est-ce la cellule embryonnaire de l'univers ?

Joie et profonde tranquillité. Je porte un regard vaste sur la globalité des mondes réunis en cet espace paradisiaque dans lequel j'existe sans aucune limite intellectuelle. J'ai accès au savoir cosmique, je connais toutes les langues, les spécificités des astres et des animaux, des mers et des sciences. Rien à provoquer, tout à recevoir. Je sais TOUT dans son intégralité. Je suis Un avec le parfait achevé. Ce lieu d'une pureté vivante s'infiltre dans toutes mes réalités et m'enveloppe d'une blanche béatitude, fluide et salvatrice.

Je continue de flotter involontairement, dans ce large corridor d'amour et de beauté, sans mur ni structure. Je comprends en cet instant que si je poursuis cette expérience, je ne pourrai plus faire demi-tour car plus je m'y aventure, plus je m'éloigne de la terre, j'oublie ce qui était, je n'ai plus d'histoire, ni de demain. Je flotte en ce paysage édénique dans un amour infini, une vérité d'empathie, de joie et de communion avec l'ensemble et chacune de ses composantes.

Puis je m'entends penser ces mots :

- Camille est-elle prête pour mon départ ?

Je sais, comme une vérité, que Camille vient d'entendre ma pensée.

La réponse m'est immédiatement livrée.

- OUI ! Elle est maintenant prête pour vivre sans sa mère.

Je me réjouis aussitôt.

Bravo, belle guerrière ! Je suis tellement heureuse que tu aies franchi cette étape; va, belle femme, sois libre.

Au même moment, j'entends la pensée de Camille. Elle demande si elle est prête à vivre sans moi. Nous entendons toutes les deux la réponse.

- Oui, tu es prête. Ce ne sera pas facile, mais tu as la force et la maturité pour vivre cette épreuve.

J'éprouve à nouveau une grande joie pour elle, belle fleur, élégante combattante, parvenue à son indépendance. Je sais qu'elle pleure, elle sanglote en silence dans une lucidité aiguisée, pressentant l'aube de mon départ définitif.

Au revoir ma chérie, je serai à jamais reconnaissante de ta présence en cette vie. Je t'aime éternellement. Merci.

Plus rien ne me retient.

C'est en un abandon final que je continue mon voyage.

À ce moment, dans une lumière indescriptible, un amour incommensurable me pénètre. On ne fait qu'un.

Silence... le grand vide... un grand plein...

J'existe dans l'Absolu. Aucun sentiment, aucune pensée, seule une paix ultime. Je flotte et me déplace sans effort dans ce nouvel univers, au cœur de la Lumière. Toutes mes réalités cohabitent dans un lieu au-delà du temps et de l'espace.

Subtilement, un son s'approche, ou plutôt des sons continus sur une mélodie aux vertus divines. Je baigne dans une atmosphère sonore astrale, bercée par le flot du son initial. Félicité... Tout existe maintenant, en harmonie. C'est l'amour dans sa forme la plus pure, dans son expression finale et initiale. ÊTRE est le seul état possible en cet Éden, au cœur de ce paradis sans entrée ni sortie. La blancheur diffuse une pureté chargée de toutes les vies, de toutes les situations du monde entier, elle porte l'humanité, la nature, les conflits, la science...

Silence.

Douceur.

Grand vide, densément plein.

J'aperçois devant moi d'immenses portes irradiantes d'une lumière dorée, comme si elles étaient à quelques mètres du soleil. Je me déplace pour m'y rendre. Tout près de ces portes, se dessinent des formes, je ne suis plus seule, j'entrevois quelques silhouettes en mouvement. À mon approche, je distingue des formes corporelles lumineuses, elles s'avancent vers moi, à cet instant, je suis mise en contact avec leur infinie connaissance. Ils sont des êtres de bonté, d'amour inconditionnel. Leur venue est bonne, le rayonnement de leur présence indescriptible. Un échange sera possible. Je comprends que cette rencontre me mènera ailleurs. La béatitude intemporelle qui me portait s'amplifie, la félicité continue. Le temps est éternel, je suis libre et consciente.

Pendant que je m'approche davantage pour entrer en contact avec eux, la voix de Camille pénètre en moi. Elle ne pleure plus, son ton est calme et sa pensée claire.

- Mom, reviens ! Je crois que tu dois revenir pour réaliser tout ce que tu as à accomplir, tu n'as pas fini ton travail. Reviens mom.

Nonnnnn...Non Camille. Non. Je t'en prie.

Belle enfant, sage et éclairée. Je sais très bien que si elle exprime cette requête, c'est qu'elle a la certitude de son importance. Cette voix n'est pas seulement celle de l'enfant qui pleure sa mère, mais celle d'une femme porteuse d'un message. Cette voix qui m'appelle, c'est celle de la sagesse et celle de la vie.

Camille, ma douce Camille, si tu savais l'inouï de ce qui est ici.

Je regarde aussitôt les êtres lumineux et leur partage en pensée mon désaccord.

Je ne veux pas retourner. Je ne veux pas revivre dans les limites et peurs qui habitent mon corps et mon esprit. Je ne veux pas partir, je ne veux plus souffrir, je veux rester.

« RETOURNE AIMER », me soufflèrent-ils.

Je ne veux pas retourner à ma vie, à la douleur, à la haine, à l'égoïsme de l'humanité. Je ne peux plus confronter la noirceur et la dualité.

Silence.

Les êtres m'entourent d'amour, celui qui sauvera notre humanité, celui qui est la seule et unique réponse à nos souffrances, l'amour de la vérité, celui que l'on offre gratuitement, celui qui nous unit. Comment pourrai-je survivre sans ce sentiment absolu d'être aimée inconditionnellement. En réponse, ils me lèguent, d'un geste tendre, Grâce, Compassion et Empathie, et m'informent avec amour que mon retour sera pour accompagner les humains en souffrance et en recherche de vérité.

Immobile, je reçois ces cadeaux, m'imprégnant des derniers instants en cette affectueuse lumière dont la chaleur et le réconfort m'ont démontré la force de l'amour et son pouvoir de guérison. À grand regret, je tourne le dos à la délivrance, à ma délivrance.

Aimer, c'est être libre

Aussitôt ma décision prise, la lumière s'éloigne doucement, ou c'est moi qui me retire lentement de la source, et progressivement je me retrouve entre deux mondes. L'espace matérialisé de la réalité est redevenu omniprésent, tandis que mon esprit, encore imbibé de la Lumière, n'y est plus entièrement plongé. Je recommence à sentir la présence lointaine de Camille, son énergie, la pureté de son amour. Au contact des sons, le retour abrupt dans ce corps fatigué, pesant, inconfortable. Je me retrouve à l'étroit dans cette enveloppe humide et étouffante, étendue sur le béton dur et glacial. L'air est écrasant, j'ai peine à respirer. Ma poitrine se serre, ma gorge est un étau, mon corps entier gémit, envahie d'une tristesse profonde, d'une incommensurable lassitude. Je pleure. Je pleure. Désespoir. Un chagrin moléculaire, une nostalgie viscérale. Camille voit les larmes sur mes yeux encore clos. Elle sait que je suis revenue. Elle caresse mon visage. Je l'entends pleurer. J'essaie d'ouvrir la bouche, mais je n'y parviens pas. Je pressens maintenant des mouvements autour de moi, puis les sons occupent de plus en plus le lieu de mon violent atterrissage.

Mes yeux s'animent sous mes paupières encore lourdes, Camille les voit.

- Mom.

Je sanglote dans ce corps que je ne veux pas récupérer. Nous pleurons toutes deux, elle sur la vie que je reprends, moi sur la mort que je quitte. Ses mains serrent les miennes avec la force de l'amour. MAIS j'ai le goût de me laisser repartir. SVP. Pourquoi pas ? Je m'abandonne, je me sens glisser à nouveau. C'est bon, oui... je glisse hors de mon corps. Oui !!! Faux départ. Impossible de me libérer du lien qui relie mon corps physique au tangible de ce monde. La voix de mon frère se rapproche.

- J'ai trouvé un Epipen pour enfant.

Je sens sa présence sur ma droite. Camille m'explique qu'elle va me faire une injection dans la cuisse gauche. Elle plante une aiguille dans ma cuisse, je ne sens rien. Elle parle encore... ambulance... retard. Je retourne ailleurs, entre maintenant et là bas, juste pour prendre l'air parce que l'oxygène se fait rare ici.

Retour. NON !! Tout est si lourd, si accablant. Une impression que tout est en désaccord avec ma nature.

J'entends de nouvelles voix près de mon visage. Quelqu'un vient de m'injecter un autre Epipen.

Voix d'homme - *Civière... Epipen pour enfant.*

Une voix de femme - *Madame Breton, m'entendez-vous ?*

Mon corps refuse de répondre. La douce main de Camille flatte ma tête, elle murmure à mon oreille de sa voix fragilisée - *Mom, l'ambulance est arrivée. Y a plus de danger, t'es en sécurité maintenant.*

La panique autour de moi est palpable. Les sons d'une foule et l'énergie de l'urgence se frottent à ma peau, entrent dans mon souffle. Je manque de place, je manque d'air. Quelque chose de froid sur ma peau, un masque sur mon visage. Deux espaces intérieurs se côtoient, je voyage entre la grâce et la vulgarité humaine. Je sais ce qui se passe, mais je n'en fais pas vraiment partie malgré que mon corps ait repris sa réalité. J'entends le moteur de l'ambulance, puis des sirènes.

Madame Breton m'entendez vous ? Restez avec nous. Écoutez ma voix, Restez avec nous.

Non je préfère partir, merci.

Essayez d'ouvrir vos yeux. Madame Breton, restez avec nous.

Mom, reste.

Silence, le vide… Enfin.

Après une pause de ce monde qui m'est devenu étranger, un deuxième retour violent dans mon corps attaché à une civière en mouvement constant, dans une ambulance hurlant ma mort possible. La main de l'ambulancière, la voix de Camille, le masque d'oxygène, le poids de mon corps, de la vie, de l'air, de l'humanité. Quelque chose de puissant monte en moi, comme un tsunami dans un lac inerte… la DÉCEPTION.

JE SUIS DÉSESPÉRÉMENT DÉÇUE D'ÊTRE REVENUE.

Je suis déçue dans ma chair, dans mon esprit, et par-dessus tout, dans mon cœur, car la vie est soudainement si petite et limitée, étouffante et mesquine. Ce n'est pas que je n'aime pas la vie. Je l'aime la vie, je l'ai même beaucoup aimée, mais ce que j'ai vécu là-bas, c'est autre chose. C'est plus que la vie, c'est au-delà des plus beaux moments. Minus, nous sommes minus aves nos pensées obsédantes. La vie, ça manque d'air tout d'un coup.

Je me rappelle alors... *par inadvertance, une guêpe est montée dans la carriole et cherche désespérément sa cohorte. Excitée et perdue à travers les corps humains, elle s'agrippe à mon poignet et, prise de panique, enfonce son dard dans ma chair. Je regarde le dard, et la peau se gonfler alentour. Brûlures, pincements, douleur. Camille m'observe inquiète.*

- *Je suis déçue, lui dis-je ignorant la provenance de mes mots.*

Oui, j'avais vu juste. Déçue d'être de retour sur un terrain aride dans un monde violent et apeuré. Déçue de revenir en arrière, de sentir l'écart insurmontable entre la violence et l'amour, l'ignorance et la conscience. Je suis mélancolique, démesurément mélancolique.

L'ambulance s'immobilise. Je suis sauvée... ou perdue. C'est selon ce que je déciderai de faire avec la vie qu'on vient de me forcer à reprendre.

Arrivée à l'hôpital, je suis aussitôt prise en charge, adrénaline supplémentaire, surdoses d'antihistaminique et injections intraveineuses de corticoïde. Sous surveillance, je reste étendue sous le regard soulagé de Camille, cette guerrière de la vie et de l'amour, cette âme protectrice qui sut me respecter tout en me rappelant que ma mission n'était peut-être pas terminée. Je me répète alors que mon enfant m'a sauvé la vie avec autant d'amour que je lui ai donné la sienne. À chaque moment où j'ouvre les yeux, elle est là, droite et protectrice, forte et fébrile. Ses yeux ont vieilli en ce voyage initiatique forcé. Elle a laissé derrière ce qui restait d'enfant en elle. Notre connexion s'est transformée, notre complicité a visité la mort, main dans la main.

Mon frère s'approche, le visage défait, l'anxiété dans les yeux. Cet enfant devenu homme, père, me regarde et parvient à me fait rire, comme il l'a toujours si bien fait dans les moments familiaux les plus difficiles.

Pendant cette visite à l'hôpital, la docteure responsable de mon dossier tenta de me dissuader de côtoyer la nature de façon solitaire et régulière.

Peine perdue madame, la nature c'est notre lien au réel, celui-là même que je viens de visiter et croyez-moi, sans elle, nous nous éteignons à petit feu. Alors merci pour les bons conseils, mais pour l'instant, je ne peux vous promettre de partir en courant si je rencontre une guêpe qui cherche un bout de peau à envenimer et une âme à libérer.

Nous quittons médecin et observation. Assise sur la banquette arrière, en route vers la maison de mon frère, je retiens les larmes inépuisables d'un adieu sans possible retour. Je suis très faible, mon corps est vidé de son énergie et mon esprit de sa motivation de vivre. Je chéris en silence ce lieu sacré et ferme les yeux pour y retourner un tant soit peu. Mes deux sauveteurs discutent à voix basse de leur expérience, me croyant endormie.

À notre arrivée, petit Sunshine s'avance lentement, encore perturbée et anxieuse de voir dans quel état je serai. Debout devant la porte, elle me dévisage, craintive. Je m'approche doucement en lui souriant du regard, puis m'agenouille devant elle, un sanglot dans la poitrine. Elle me demande de lui montrer la piqure de la guêpe, et insiste pour voir mes bras et mes jambes sous mes vêtements. Elle me réapprivoise, et me parle de l'ambulance. Je la prends lentement dans mes bras, elle se blottit dans mon cou, je pleure en silence, goûtant chaque seconde de ce précieux moment d'amour. Ce soir-là, je me couche près d'elle, souhaitant m'endormir rapidement pour retourner le plus près possible de ce paradis que je ne tarde de retrouver. Le lendemain, elle refuse de manger les pommes qu'elle a cueillies, les soupçonnant sûrement d'être empoisonnées d'un élixir mortel de guêpe.

Une gloire incontournable repose dans le dévoilement de chaque moment.

Les mois qui suivirent...

Pendant deux mois, je restai étendue sur le sofa, sans vitalité ni intérêt. Détachée des événements, je n'avais comme seul désir de dormir, de me plonger dans cet état inconscient, loin des merdes et des ignorances. Dormir de plus en plus profondément. Je m'isolai, dans le silence de mon expérience. Camille était aussi très bouleversée, et nous étions toutes deux isolées en nos propres souffrances et symptômes post-traumatiques. Après une semaine, j'incitai Camille à sortir et à partager avec ses amis de confiance le traumatisme qu'elle portait en elle. Elle refusait de partager son expérience et resta près de moi encore deux semaines, puis reprit enfin contact avec sa vie et ses amis et pu commencer à apprivoiser le poids de l'épreuve traversée. Elle m'invita avec beaucoup de délicatesse à faire à mon tour l'expérience du partage, mais ce processus ne s'appliquait pas à moi. Je n'avais rien à dire ni à rapporter. Cette histoire «fantastique» n'était pas un divertissement et je n'allais certainement pas m'exposer avec mon *Expérience de Mort Imminente (EMI).* Les témoignages de mort imminente sont abondants et mon histoire en était malheureusement une parmi tant d'autres, sans nouveaux éléments, ni revirements inattendus.

Les moindres interactions me bouleversaient, la lourdeur du monde me clouait au lit. Il m'était impossible d'écouter la télévision ou la radio, car les informations, même anodines, vibraient toutes de peurs et d'ignorance, la dureté de l'humain était sans limites. Ma sensibilité et ma connexion aux autres me vulnérabilisaient, je percevais clairement les peurs et blessures de chacun, et supportais mal les jugements et commentaires faits à l'égard des autres. Il me fallait réapprendre la vie.

La dualité qui nous sépare les uns des autres
et de nous-mêmes
bat dans ma poitrine. J'ai mal pour l'humanité.

De mon sofa, je commençai à faire des recherches sur les expériences de mort imminente. Je m'assoyais pendant des heures devant mon ordinateur à visionner des témoignages, des déclarations, à lire des rapports, des aveux, des preuves... sirotant des tisanes et pleurant une nostalgie inconsolable. Tous ces gens avaient visité le même lieu que moi et avaient réappris à vivre avec les messages reçus. Comment avaient-ils fait ?

Je me décidai de quitter mon sofa pour me rendre à une conférence sur l'Expérience de Mort Imminente donnée par le Dr. Jean-Jacques Charbonier. J'étais timide et n'avais aucune intention de parler à qui que ce soit, appréhendant surtout que l'on me questionne sur mon expérience. Les participants seraient sûrement des personnes assez étranges ou des illuminés venus partager leurs témoignages similaires. La soirée débute, la salle est remplie et, à ma grande surprise, les gens ont l'air assez normaux, voire même ouverts et souriants. Le Dr. Charbonier, médecin anesthésiste réanimateur français, est des plus intéressant. À travers son expérience médicale, il a suivi nombre de patients ayant vécu une expérience très similaire à la mienne, ce qui, étrangement, m'insécurise et m'isole davantage. La soirée terminée, je quitte rapidement avant que quelqu'un m'adresse la parole. Sur le chemin du retour, je m'arrête incognito dans un petit resto, un doux et simple plaisir retrouvé. Pour la première fois depuis le retour de mon voyage, je me sens plus sereine.

Graduellement, je passai du salon à la cuisine, pour me faire des plats un peu plus joyeux.

Éventuellement, j'allais devoir retourner au travail. Je savais l'importance de cet événement sur mon existence, mais j'arrivais mal à me réintégrer à la roue du quotidien. Enseignante de méditation et coach de vie, j'avais des responsabilités envers une clientèle en attente de mon retour. J'apprivoisais, une nuit à la fois, la tristesse et la profonde déception qui m'habitaient depuis le retour forcé dans cette réalité.

Les astres opérèrent leur noble travail sur mon état d'esprit et je repris progressivement les cours de groupe et les rencontres individuelles, soutenue par une sensibilité aiguisée et une perception affinée des états d'âme des participants. J'avais une qualité de lucidité nouvelle et une justesse d'intervention stimulante. Étais-je transformée d'une certaine façon ? Dans ce puissant silence lumineux, des enseignements imperceptibles s'étaient infiltrés en mes cellules. J'étais de plus en plus à ma place, découvrant que la ligne entre la vie et la mort repose sur une fine expiration.

Cette expérience a marqué ma vie du fer rouge de la conscience et a bouleversé tous mes paradigmes cellulaires.

Il y eut un instant où je perçus la lueur
d'une réalité globale,
depuis,
je me laisse porter par le fil des événements
créés à ma mesure.

LA MISÈRE ÉMOTIVE

Ma mère et moi sommes assises dans la salle d'attente d'une clinique médicale, la même qui nous accueille depuis trente ans. Celle dans laquelle j'attendais, à dix sept ans, la rencontre avec un docteur qui m'annoncerait que je portais un bébé en mon sein de jeune femme à peine engagée dans le sérieux du monde adulte. Ce gentilhomme médecin me guida dans le non-jugement, dans mon au revoir à ce petit ange à qui j'expliquai mon incapacité d'en prendre soin.

Aujourd'hui, je ne souffre de rien, et ma mère souffre de démence

L'univers parallèle dans lequel ma mère vague et divague la nourrit de gaieté et de sporadiques débordements d'enthousiasme. J'aime à dire qu'elle est prise d'une démence joyeuse, doux privilège en ces circonstances d'arides dépérissements. Elle erre dans son monde, animée de pensées factuelles et de commentaires anodins sur l'instant présent. Sitôt que je l'interpelle, elle quitte aisément son univers pour me répondre, avec un amour aussi entier que celui dévoué à un nourrisson. Elle qui n'a jamais rien eu, jamais rien demandé, nous a donné à mon frère et moi le plus grand, le plus précieux d'elle-même. Elle nous a longtemps porté sur son dos à travers les crises et tsunamis d'une famille en péril. Nous étions à la fois son phare, celui sur lequel elle fixa tous ses espoirs dont celui de préserver son équilibre mental et émotif, et les naufragés qu'elle devait secourir de la noyade. Aujourd'hui, ses quelques moments de lucidité nous sont dévoués. Elle se repose sous nos caresses, s'abandonne dans la chaleur de nos mots. Notre regard aimant lui redonne cette image d'elle-même, guerrière et lucide. Elle commence des phrases que ses yeux me demandent de terminer. Les mots qu'elle côtoie sont comme des montgolfières, ils s'envolent rapidement au-dessus de son impuissance. Je les récupère parfois à sa demande silencieuse. Elle est mon plus grand maître de présence et de vérité dans le seul moment qu'il nous reste, le maintenant. Si mon esprit vagabonde et s'éloigne de nos instants, nos présences n'existent plus, nous voyageons séparément dans des univers étrangers. Puis, elle revient, me regarde et me cherche. Je regagne nos terres et nous reprenons notre marche sur un sentier que nous avons créé pour nous rejoindre maintenant, dans tout ce qui importe, l'amour. Plus rien à prouver, à justifier, l'acceptation totale de ce qui est, et de ce qui ne sera plus. Les regrets ont fait place à la gratitude et les remords à la compassion. Lorsque le vertige de l'abandon obligé, du deuil éminent, monte dans ma gorge, je ferme les yeux et me rappelle qu'elle vit dans un lieu d'amour sans malice ni colère, que mes montées de tristesse ne lui servent pas, elle qui me devine et m'occulte dans mes moindres oscillations émotives. Il m'arrive aussi, à mon insu, de dériver vers le découragement. Elle est aussitôt propulsée dans un état de vulnérabilité ultime, celle de l'enfant peiné sous la désolation d'avoir mal agi. Je la regarde et lui souris, je l'embrasse pour prendre ce pardon qu'elle m'accorderait sans retenue si elle était ici avec moi, dans le monde, le réel, chargé d'illusions.

Je suis témoin depuis quelques mois que ma douce mère, libérée du filtre des convenances, a maintenant accès à une intuitive clairvoyance qu'elle exprime sans souci d'étique, aux personnes qu'elle croise, leur faisant don de commentaires spontanés, déroutants de vérité. Elle me fait de temps à autre cadeau de prédictions ou d'affirmations, ô combien précieuses, dans ma vie sur cette voie de recherche de quiétude, dentelée de mon inconscience.

Maintenant plus d'une heure que nous attendons, maman commence à laisser s'échapper quelques remarques sur l'insolence du médecin de faire attendre les gens de la sorte. En fait, c'est devant l'immobilité et les regards de tous qu'elle devient impatiente, oppressée avec la difficulté de ne pouvoir parler à voix haute, de s'exprimer librement et de bouger à sa guide. Elle se sent prisonnière dans ce lieu où tout s'est arrêté, un monde trop restreint pour la vastitude de ses pensées. Elle a raison. Nous sommes réunis dans une même pièce, à proximité les uns des autres, mais en déni complet de notre cohabitation. Un paradoxe inconfortable, insupportable pour ma mère vibrante d'une nouvelle hypersensibilité et de l'authenticité inaltérée de l'enfant.

Sourires artificiels, politesse du bout des lèvres, aucune vibration n'est permise, nous devenons automates. Mais les regards courent de gauche à droite à l'affût d'un mouvement ou d'une brèche dans la coquille. Certains s'entrecroisent, les uns se fuient, les autres se cherchent. Le grand malaise du déni total de notre nature innée de collaboration, de communication, d'entraide. Le Mental s'en donne à cœur joie dans les spéculations et les jugements à propos d'un choix vestimentaire, d'une interaction entre un parent et son enfant, d'une femme et son homme, et j'en passe.

C'est pour ces raisons que ma mère est mal à l'aise dans la lourdeur du silence non naturel et oppressant. Elle commence à exprimer son mal aise à voix haute, assez haute, même trop haute pour le pseudo chuchotement habituel des autres « patients. » Je lui prends doucement la main et lui partage ma pensée. « *Tu sais maman, nous sommes chanceuses. Il y a des gens dans d'autres pays qui doivent attendre des jours pour voir un médecin et certains n'ont même pas ce privilège, alors que nous, ça fait seulement une heure qu'on est là, au chaud, avec un thé dans les mains et des soins de haute technologie.* » Elle me regarde. Ses yeux passent de l'impatience à la bonté. Attendrie, elle place la main sur son cœur et me dit dans la vérité de sa compassion : *« Ils vivent une grande misère, pas une misère...* (cherchant les mots qu'elle n'a plus) *matérielle, une misère... émotive.* » Je me plonge dans ses yeux de bonté et m'y recueille.

Différentes Réalités

Mystiques, poètes et enfants, passent d'un état de conscience à un autre, forts d'une licence de liberté, de conscience éveillée encore connectée à l'inaltéré. La démence ne permettrait-elle pas cette évasion du lourd inconscient ? Ma mère, à travers ses démences, est d'une lucidité émotive renversante, comme si elle était en lien avec une autre source d'informations, une voyance directe dans l'essence de ce qui est fondamental. Libérée de la lourdeur des mémoires du passé, elle semble errer au cœur d'un présent chargé d'activités d'un autre ordre. Elle valse au milieu du quantique, comme un être libre des attachements et restrictions du monde que l'on s'imagine être réel et figé. Elle enfreint toutes les lois et ne voit que ce qui existe réellement, des individus unis par leur corps et leur esprit. Elle va et vient légère, soutenue par une force imperceptible, et règne en reine affranchie des souffrances d'un autre temps, d'un autre espace. Je l'observe souvent en silence, souriante, détendue, se laissant emportée par des fous rires qui redessinent son visage de vielle dame pour celui d'une petite fille coquine, émerveillée par ce qu'elle seule peut voir et entendre.

le TEMPS

Effleurons, le temps d'un soupir, la notion du temps

Le temps œuvre dans l'intangibilité. Il se réinvente perpétuellement et ne signifie rien en dehors de notre expérience. Il prend forme la durée d'une émotion, l'instant d'une réflexion. Il est lent pour un cœur endeuillé et précipité pour l'esprit anxieux. Sans mesure ni retenue, la vie nous mène dans tous les sens, à tout instant, à l'insu des pudeurs du temps.

Vouloir « *tuer le temps* » est un refus de se déposer en le *maintenant* de ce qui m'habite.

Après avoir quitté le monde corporatif, là où le temps est dictateur de performance et de finances, je crus que les horloges avaient toutes ralenti à mon insu. La terre tournait-elle moins vite, avais-je manqué une information scientifique récente ? Comment se pouvait-il que les journées s'étirent autant, que je sois consciente du lever du soleil, de ses rayons sur ma maison, de sa noirceur sur mon oreiller. Non seulement le temps avait-il ralenti, mais il était de moins en moins maître de mes pensées et émotions. Pendant que ma contemplation des choses simples se prolongeait, mes réflexions conscientes et volontaires prenaient plaisir à se déployer. À mon insu, j'avais ralenti ma respiration, et tournais naturellement mon observation sur les mouvements modérés de mon esprit. Je commençais à entendre les messages et conseils de mon corps, dont les systèmes profitaient du nouvel environnement décrispé. Le temps perdit son emprise sur mes actions, ce qui ouvrit les portes de la cage imaginaire dans laquelle je m'étais tapie. Sous la lumière de la quiétude, la mesure du temps me dévoila sa subjectivité.

Me laissant transiter dans l'intemporalité d'une méditation, je me souviens parfois de demain.

Hier est l'*histoire* de ma vie que la mémoire a enregistrée, demain est la *projection* de la suite de cette histoire, créée de façon complètement illusoire. Dans la connaissance de cette vérité, chacune des situations vécues devient sacrée et unique, et la seule dans laquelle je respire. Ce qui m'ouvre la porte sur un instant d'acceptation, dans l'absence de la peur de ne pas être aimée, de mourir, ou d'être différente, une impression d'Absolu.

« Cet acharnement à me connaître et à connaître, j'aurais dû l'avoir plus tôt. Si je m'y étais pris à temps, peut-être serais-je arrivé à quelque chose... Quel temps perdu, quel gaspillage, je croyais que j'avais tout mon temps. Maintenant cela presse, ce sont les derniers moments, et cette hâte n'est pas favorable à la recherche. » Ionesco, Journal en miettes

Ma haine est source de toutes les guerres
mon amour mère de toutes les naissances

FRÉROT

Son arrivée redonna un sens à ma petite vie nombriliste, une lumière à mes nuits agitées. J'avais quatre ans. Toutes les nuits, je quittais mon lit pour accompagner ma mère aux boires et soins de cet être pour qui je me dédiais entièrement, pressentant l'importance de ma présence et la portée de notre complicité pour les événements qui allaient suivre.

Sur le trajet de notre enfance, mini guerrier souriant, il apaisait mes peurs par ses dessins colorés, et m'émerveillait de ses questions désinhibées. À ses côtés, blottie au fond de ses yeux noirs et lumineux, je croyais en un avenir réjouissant. Il fut mon premier amour.

Au fil des années, au cœur des guerres que l'on affronta ensemble dans nos corps d'enfants, puis dans nos esprits d'adultes, nous nous sommes donnés la main en gage d'union, de support, dans une entente tacite commune, d'une offrande de notre amour dénudé de jugements et d'attentes, laissant place à une fraternité libre d'évoluer, de grandir et de s'épanouir.

Cet homme que j'ai vu naître et souffrir, et renaître à nouveau à lui-même, en proie aux détresses émotionnelles, aux trahisons imprévisibles, aux regrets saboteurs de famille, d'amour, et de foi, est un rappel constant à la bonté et à la clémence. Le sang de la vie nous a d'abord unis, mais nous avons librement choisi d'être le témoin aimant de l'autre, l'ami dévoué, le confident bienveillant et attentif.

Il est un abri, un réconfort, un oasis de joie et de fabuleux éclats de rire.

IMPERMANENCE

Heureusement, TOUT PASSE

Rien n'est permanent, tout est en mouvement.

Si l'on s'ouvre à la réalité de l'impermanence,

Si l'on s'aventure dans la compréhension de l'invisible,

Si l'on pratique la flexibilité de l'esprit, dans l'ouverture et la curiosité,

nous libérerons la race humaine des chaînons de son ignorance ancestrale.

Car la raillerie grafigne le verre des connaissances.

Il y a, en ce monde, présence de mouvement en toute matière, visible et invisible, à travers le temps et l'espace. La matière étant composée d'atomes en mouvement constant, tout élément de l'univers vibre, comme la pierre vibre du mouvement imperceptible de ses atomes. Ce phénomène se répète infailliblement et s'applique à toutes les dynamiques de l'univers.

Le mouvement est le passage d'un état à un autre, dans la fluidité d'une rencontre impromptue entre deux phénomènes.

La compréhension du concept du mouvement permet de diminuer le niveau d'anxiété causé par l'idée qu'un problème puisse se cristalliser et ne plus évoluer. L'acceptation des événements conflictuels devient alors plus facile, sachant que les impasses se transformeront inévitablement. Les événements, les émotions et les pensées sont au cœur de l'impermanence. La notion de ce mouvement continuel nous rappelle que tout événement en soi nous permet de nous dépasser, que chacune des trajectoires intérieures est source de mutation organique et de transformation holistique. Ces itinéraires inconnus nous permettent d'acquérir des aptitudes et ressources personnelles que l'on ignorait posséder. Se faire confiance, c'est faire confiance en notre capacité d'adaptation dans l'ouverture sur l'ensemble, faire confiance en sa capacité d'être présent et ne plus figer dans la peur, ne plus se rigidifier, mais s'ouvrir à la danse perpétuelle avec ce qui nous entoure.

Cette acceptation de l'impermanence permet un apaisement de l'esprit et dissout l'inquiétude, l'angoisse, la jalousie, la peur ou la tristesse, toutes issues de l'illusion de la permanence.

NEIGE salvatrice

Dans l'étreinte des arbres, nombre de citadins viennent se réfugier, refusant de se soumettre à l'esclavage de la fortune et de la dictature du temps. On a même vu, dans le secret des forêts, naître des enfants, libres de radier intelligence et exaltation.

Une ville, un village, une métropole d'énergies qui se croisent, se choquent, se bousculent et s'ignorent. Sur le flan d'une ride de la Terre prématurément flétrie, une population vaque à ses désordres, dans l'innocence de l'ignorance. La guerre s'est infiltrée sournoisement dans les maisons et les esprits, laissant les citoyens en proie à une perte de souvenir et d'autonomie, ne se rappelant plus qu'un sourire pouvait réanimer le battement d'un cœur mourant. Les cheminées putréfient le ciel de la noirceur des rancunes qu'elles brûlent. Les rues muettes sont bondées d'individus, dédiés à poursuivre leurs réflexions saturées d'informations artificielles. La circulation est sans structure, orientée par les pensées de tous et chacun, essoufflés par le passé et torturés par les projections d'un futur inexistant. Les individus avancent, reculent, tournent sur eux-mêmes, en proie aux directives de leur Mental. Il n'est pas rare de voir des accidents mortels entre deux personnes déterminées à ne pas faire entrave à la trajectoire qui leur est dictée, insouciants des collisions et des éclats de rage, devenus musique aux oreilles des enfants. Tourmentés par le temps qui s'effrite avant même qu'ils aient pu l'apercevoir, ces êtres, tels des marionnettes, courent avec urgence se réconforter sous les immeubles aux poignées d'or. Lorsque l'angoisse et l'anxiété atteignent leur apogée, la Terre, en mère bienfaitrice, neige sur les feux de violence de ses enfants profanes, insensibles au sacré caché en leurs corps malades. Mais combien de flocons faudra-t-il pour refroidir ce peuple en délire, brûlé par la bile de sa souffrance? Que le ciel neige, que la terre se refroidisse, que l'humain pleure les larmes de son salut.

REGARD sur soi

Le potentiel de notre réalité actuelle est infini, peu importe la situation dans laquelle nous sommes en cette année, en ce mois, en ce jour, en cet instant.

Engagée dans la poursuite de satisfactions immédiates, mes voyages et déménagements furent nombreux et fréquents. J'avais beau tout chambouler, tout convertir, mon insatisfaction me collait à la peau. Je traînais ma tristesse et mes dépendances d'une ville à l'autre, entre les mers et les déserts. Sous une étoile bienveillante, dans une vallée enneigée, un ami me prit dans ses bras pour me bercer ces simples mots, « *Tant que tu ne te permettras pas d'être vulnérable, tu ne pourras plus avancer.* » J'éclatai d'un sanglot qui percuta mon univers. Une alarme viscérale venait de retentir.

Tout en moi pleurait, la femme, la mère, l'enfant, l'amie. J'avais résisté à ma fébrilité, j'avais refusé mon droit à l'erreur. J'étais épuisée. Je n'avais plus la force d'être invincible, ni l'énergie de poursuivre l'objectif de perfection que je m'étais donné à l'orée de ma vie de jeune adulte. Je baissai les bras, j'abdiquai. Je n'avais rien à perdre, car mes points d'appui s'écroulaient tous sous mes yeux. À tâtons, dans un brouillard de ruminations, je perçus l'empreinte que mon histoire de vie avait laissée sur moi. Je devais prendre mon courage à deux mains et regarder bien en face l'enfant, l'adolescente, la jeune adulte que j'avais été et observer sereinement ce qui me consumait. Regarder l'ensemble des environnements physique, émotionnel, psychologique et spirituel dans lesquels j'avais évolué, parce que la compréhension de mes déséquilibres s'y trouvait. J'ai compris à cet instant le sens du mot *lâcher-prise*. Malgré que je le côtoyais et partageais son importance, il venait de faire son entrée en ma dramaturgie personnelle.

Je suis alors repartie de ce que j'étais, et non de ce que je voulais avoir l'air d'être. Timidement, à petits pas, j'ai jeté un coup d'œil sur la fillette que j'avais été et j'ai pu identifier les mécanismes de défense qu'elle avait élaborés afin d'assurer un équilibre dans l'ensemble de ses fonctionnements. J'ai ressenti pour elle de la pitié, qui s'est transformée en sympathie, puis en compassion. Dans l'acceptation des limites et lésions qu'elle me léguait, je me suis affranchie des traits de personnalité auxquels je m'identifiais et me suis donnée la permission de laisser émerger ce qui m'habitait, en cet instant.

En me permettant la vulnérabilité, je me donne tous les jours accès aux rêves que je n'ai pas encore imaginés.

Un garçon marchait pieds nus sous la
liberté d'un cerf-volant
le regard perdu dans la lumière brasillée
d'un ciel en guerre
il dirigeait l'oiseau de soie comme
il naviguait sa vie, avec le cœur

VISION claire

Le jour où j'ai donné naissance à ce petit être, mon âme a fait un pas vers une lucidité qui n'a cessé de s'intensifier. Elle a ouvert un espace, un lieu que j'ignorais porter en moi.

C'est dans un studio deux pièces, entre le piano et le lit, que je donnai naissance à Camille qui vint nous rejoindre dans ce monde des mortels. Guidée par une sage femme, entourée de quelques confidentes et amies, et supportée par le papa attentionné, je mis au monde un ange. Je l'accompagnai pendant son difficile passage d'un ailleurs à l'ici. Lorsqu'elle fut dans mes bras, le temps fit une halte, le silence une mélodie, rendant hommage à nos retrouvailles. Elle avait des choses à me dire, j'avais la vie à lui murmurer. Je compris que nos routes allaient être parallèles dans une synergie originelle. Chaque instant était un cadeau, une occasion de célébration. Une nuit, je me penchai respectueusement au-dessus du lit de ce petit miracle pour l'admirer, l'applaudir, la contempler. C'est dans le silence sacré de cet instant que je vécus, sans avertissement, une troublante épiphanie. J'eus une vision claire des blessures et perturbations qui m'habitaient. Je les sentis dans mon corps, dans mon esprit, dans mon être entier, comme si je percevais en une fraction temporelle toutes les provenances de mes blessures et leurs impacts percutants. Je les rencontrais en face à face, dans une hyper lucidité. Une rencontre avec ma noirceur la plus épaisse, celle que je ne pouvais plus garder en moi en la présence de ce petit ange en devenir humain. Je pleurai ma vie. À la vue si claire de ces fantômes, et à la réalisation profonde de mes troubles, je tremblais des os aux organes. Mon corps chancelait sous le poids des violentes turbulences émotives et psychiques que ces visions provoquaient. Je sanglotais sur ma petitesse et mon ignorance, en même temps que je contemplais à l'horizon les guérisons et transformations à venir par une quête de soi qui allait me renverser. Je gémissais en remerciant ce bébé du message qu'il portait. Bouleversée et vieillie de cette révélation, je retournai dans la sécurité du corps chaud de l'homme qui m'aimait, ne sachant si mes larmes étaient de joie ou de désespoir. Elles étaient de guérison...

MOTO thermomètre de l'égo

L'esclavage au désir est une souffrance.

Tatouée de la fesse à la cheville, j'enjambe ma moto en direction d'un rassemblement annuel de motards. Une ballade de quelques heures, sous un soleil radieux. Mon amoureux conduit à mes côtés sur sa Harley, nous occupons sans gêne les deux voies de l'autoroute, avec un air de souverains du monde. La ballade est enivrante, mes pensées effrénées, mon corps embrasé sur ce cheval à moteur.

La moto est maître de mon égo,

L'homme, maître de mon corps

Les inquiétudes, maîtres de mes pensées

Les peurs, maîtres de mes émotions

Je suis esclave de ma soif

Je suis prisonnière de ma drogue

Je suis assujettie aux jugements des autres

Je suis enchaînée par l'argent qui achète mes paradis imaginaires

Je suis en otage du MOI

Cette première vérité m'avait guidée dans l'observation de mes dépendances, résistances et souffrances. Ce regard conscient leva le voile sur mon authenticité blessée murmurant le droit de s'exprimer.

Être en contact avec mes peurs allait mener directement à leurs sources cachées, repoussées, honteuses.

2e noble Vérité

les CAUSES de la SOUFFRANCE

IDENTIFIER

Reconnaître qu'il y a souffrance pour ensuite en identifier sa cause. Les causes nous emprisonnent en un corps inconfortable, en un esprit agité, dans une forme d'esclavage à soi-même. Trois causes maîtresses sont à l'origine de toute forme de négativité.

IGNORANCE	**ATTACHEMENT**	**AVERSION**
inconscience	dépendance	répulsion
aveuglement	désir	haine

IGNORANCE

de l'illusion à l'égarement, sous le déni de la réalité

La meilleure amie de la souffrance.

Pour parler de ces 4 nobles vérités rédemptrices, il est impératif de parler de l'ignorance qui nous en éloigne. Ne pas savoir que nous sommes souffrants et continuer d'ignorer le malaise qui nous habite, soit-il passager ou profond, lui permet d'agir et de prendre l'ensemble des décisions à notre insu. C'est trop souvent la solitude en nous qui se marie et l'égoïsme qui se sépare, c'est la nostalgie qui met nos enfants au monde et l'insécurité qui les nourrit. Dans le déni de nos sentis, notre lassitude se rend au travail, et notre mépris se regarde dans la glace. C'est la mélancolie qui fait l'amour et le regret qui vieillit. Cette ignorance va jusqu'à nous convaincre qu'il est d'une certaine noblesse d'endurer nos tourments, qu'on y gagne des lauriers aux portes du paradis et l'admiration de nos pairs sociaux et familiaux. Sortir de l'ignorance, c'est rencontrer cette souffrance en un face-à-face révélateur de vérités incontournables.

L'ignorance, c'est d'ignorer que nous sommes souffrants.

Cachés sous une armure inoxydable, nous déambulons dans un décor magnifique, celui de l'humanité et de la nature. Ces deux forces mères nous guident de leurs mains bienveillantes, pendant que dans le refus de tout support, nous demeurons convaincus de notre capacité à atteindre nos objectifs et aspirations, en évitant toute démarche intérieure. Ne souhaitons-nous pas secrètement que par magie nos relations s'améliorent, notre stress diminue, nos maux s'atténuent. Au moment où l'on choisit de mettre la lumière sur cette ignorance, doucement on entrouvre les yeux sur les beautés cachées des choses simples. On devient plus sensible à ce qui nous entoure, une sensibilité qui nourrit, et non plus une sensibilité qui démunit. Le temps doucement prend le temps de nous faire du bien.

L'ignorance conduit à l'esclavage et la connaissance à l'autonomie.

BRETON

ATTACHEMENT

avidité, passion et dépendance
s'attacher à ses idées, avoir raison absolument

L'acte incontrôlé de combler ses désirs, au détriment de son bien-être et de celui des autres.

Nous sommes attachés à nos idées parce qu'elles nous définissent, et à nos émotions parce qu'elles nous donnent l'illusion d'être plus vivants.

Baignant dans une inconscience faussement confortable, nous souffrons d'une dépendance aiguë aux choses qui ne sont pas essentielles à notre développement. Nous choisissons les objets de notre attachement, en fonction de l'émotion qu'on y trouve ou de l'illusion de bien-être qu'ils nous procurent. Cet attachement crée une chaîne de réactions inconscientes qui causent extase, déception, angoisse, stress, peur. Il procure un joyeux cocktail d'émotions, reliées à la possession de quelqu'un ou de quelque chose, mais surtout un grand sentiment d'insécurité dû à la peur inconsciente de perdre l'objet de notre attachement. Dans ce siècle où la consommation est reine et marque de réussite, la recherche du bonheur dans l'acquisition de biens matériels est une poursuite illusoire menée par l'ignorance, mère de l'attachement. Ces possessions excessives, ou courses au pouvoir, exposent clairement cet attachement à ce qui est extérieur à soi. Nous avons une confiance totale en ce que peuvent nous apporter le confort matériel, l'apparence impeccable, l'argent, le succès, et nous dépendons de l'opinion d'autrui, comme si notre propre jugement sur nous-même ne suffisait pas. La relation amoureuse est aussi un piège sournois, dans lequel l'attachement fait miroiter la dépendance comme une preuve de passion, et d'amour indestructible. Les relations affectueuses durables, cheminant dans le respect, la joie et la bienveillance, évoluent hors des sentiers de l'attachement, dans un dévouement volontaire et un engagement conscient, en vue de la liberté et de la joie des personnes impliquées.

La série de croyances illusoires, créées par les désirs et les dépendances, désorganise l'humain et le maintient dans la déconnexion de son potentiel infini.

AVERSION

colère, rejet de l'indésirable, haine

Elle ne fait preuve d'aucune ouverture ou d'adaptabilité. Elle est rigide en sa conviction de refuser automatiquement ce qu'elle n'aime pas, à tout moment, en toute occasion. La colère qui en résulte est cousine de l'égocentrisme, en ce qu'elle reste campée sur ses choix et convictions. Ainsi, l'envie, la domination, la confrontation, alimentent l'égo assoiffé. Un besoin de contrôler et de régner, se manifeste sous forme de jugements et de condamnations des autres, accusés d'être responsables de nos difficultés.

L'aversion se dirige contre ce qui ne répond pas exactement à nos attentes et cette dureté refuse de vivre tout ce qui nous incommode, les comportements se rigidifient et les pensées ruminent rage et rancune.

Afin d'éliminer les causes de tensions, nous devons faire

de petites et grandes observations sur nos attitudes mentales et émotives dans la relation à la collectivité, sa relation aux animaux, à l'environnement, à l'éthique mondiale que l'on appuie.

MÉDITER

Reconnaître ses comportements et attitudes demande beaucoup de courage, et la tendance est de se juger, de se condamner, la méditation permettra de se déposer sans but ni attente, de se rencontrer sans jugement, pour reprendre contact avec ce qu'il y a de bon en soi.

« La famine est provoquée par l'avidité, les épidémies par l'ignorance, et la guerre par la colère. » - le Roi Rinda

ÉMOTIONS

Je prenais le pouls de ma vie sur la puissance de mes émotions. Rien ne fut vécu à demi-mesure. La retenue et la sobriété émotive étaient pour les personnes aux prises avec une insécurité identitaire, les timides ou les introvertis, sûrement très malheureux de ne pouvoir exprimer haut et fort leurs idées et opinions. Parce que des opinions, moi, j'en avais, pour TOUTES les situations, sur TOUS les sujets. Ma participation à la vie était sans équivoque, dans la réaction et l'émotivité, toutes deux soutenues par l'ignorance. Si la température était à la joie, j'étais à l'extase. Si le climat était à la résistance, j'étais au combat. Je donnais dans l'intensité extra plus. « *Tu es tellement intense!!* » Ce commentaire fut dans le top trois des remarques ou observations émises à mon égard, toutes périodes confondues. Mes émotions me bousculaient d'une révolution à l'attendrissement, pendant que mon corps suivait tant bien que mal la cadence entre les brûlements d'estomac et les migraines incontrôlables.

Entre les courses de moto en plein centre-ville et les excès d'alcool ravageurs d'organes et d'humeur, je lisais les écrits de Jésus et les vérités de Bouddha. Je prenais conscience de l'instabilité que me causait le flux constant des émotions imprévisibles dont j'étais la marionnette, et m'ouvrais graduellement aux outils disponibles dont j'avais besoin. Les méditations de groupe et séjours en silence gardaient mes excès à niveau et m'inspiraient d'agir avec la plus grande vigilance, ce qui fut mon salut. Dans mes éclats d'opinion ou de féroce confrontation, je me rappelais alors la quiétude d'être blottie en un espace privilégié sous mon châle de méditation.

L'objectif visé, maintenir un état un tant soit peu équanime, faire ce qui mène aux joies et aux dynamiques de progression évolutive et salutaire. Je marchais d'une terre stérile et boueuse vers un terrain vaste et riche de possibilités.

Malgré la vitesse de cette période de supra modernité, un mouvement intérieur lent et constant est à l'œuvre, comment y avoir accès et s'en nourrir. Les engouements en vogue, destructeurs de possibilités, portent différents noms : performance, perfection, indiscrétion, popularité et tous les autres engouements insinueusement normalisés. Les émotions qui s'y rattachent portent en elle un pouvoir de décentralisation, interpelant l'ensemble de l'organisme à se démobiliser. Le volontaire n'existe plus. Nous sommes alors à la merci d'un séisme émotif nouveau.

C'est dans le silence que l'on peut s'entendre respirer et choisir de ne pas répondre aux émotions qui cognent à notre porte, car elles ne sont pas inoffensives.

ABSENTE du PRÉSENT

Ma mère perd graduellement le contact avec ce qu'elle aimait de la vie et avec elle-même. Elle fuit de plus en plus les gens qu'elle reconnaît de moins en moins. Elle avale quotidiennement des produits chimiques supposément efficaces pour ralentir la chute inévitable vers une démence perfide, ennemie invincible, voleuse d'histoires et d'identité. Femme épicurienne, elle faisait de chaque repas un événement de rencontre et de partage. Aujourd'hui, elle mange le dessert rose et les légumes morts d'une cafétéria ignorante de sa responsabilité étique et vitale. Une cuisine transformée en usine de « *nourriture* » davantage soucieuse de ses tableaux financiers que des éléments des nutriments.

Quelques matins par semaine, maman ferme les yeux assise sur la chaise de bain, fébrile dans sa nudité, pendant que je l'arrose doucement d'une eau qui la calme. Jadis, son corps fut long, fort et traversé d'une vie indestructible. Ce matin, il ne reste en elle que cette grâce, cette féminité touchante de délicatesse. Entre les rires incontrôlés et les épisodes d'angoisse de plus en plus fréquents, provoqués par des images qu'elle seule peut saisir, elle parvient à marcher dans la tempête qu'est devenu son destin. Figée dans le temps, assise au fond d'un fauteuil, elle a commencé à fixer mon visage, pendant que je chausse ses pieds déformés par l'aridité du parcours de sa vie.

Malgré la chaleur insupportable, elle reste tapie dans sa chambre et se gâte de biscuits, pour oublier que nous sommes devenus grands et qu'elle est absente du présent.

Après une crise d'étourdissements, elle passa plusieurs jours à l'hôpital avant que les médecins nous confirment que son esprit était ailleurs et qu'elle ne serait plus de notre réalité. Je lui fais une beauté, la parfume, lui enfile de jolies robes qu'elle aurait aimé porter. Sur le parcours haineux de la démence, elle n'a cessé de me regarder de ses yeux d'amour et de tendresse.

Je sais le jour proche, où, assise dans un autre fauteuil, en un autre lieu, entourée de sons étranges, de femmes et d'hommes inconnus, expatriée dans un pays austère, elle me cherchera dans un cruel silence, moi qui serai encore près d'elle. Pleurant son absence.

L' AMOUR

quand il se présente, le guerrier se veut intact, le rêveur se souhaite honnête, le chercheur de vérité s'espère authentique.

L'amour est la réponse à toutes recherches de développement et d'épanouissement.

J'ai longtemps aimé, enchaînée à de vieux automatismes poussiéreux qui me stimulaient à poser nombreux gestes inadéquats et à réagir de façon inappropriée aux situations du moment. Puis lentement, tout au long de cette démarche d'observation de mes souffrances, j'ai vu, avec douleur, les causes et origines de mes automatismes. J'ai alors décidé de me laisser aimer en acceptant d'être cousue d'anomalies et de splendeurs. Sans me juger et dans la bienveillance, j'ai donné à flot l'amour dont j'avais tant besoin.

Je n'ai jamais modéré mon acharnement à trouver l'amour inconditionnel et fidèle, car j'ai toujours su qu'il existe.

Malgré un cheminement personnel et spirituel bien engagé sur la route des vérités, il y eut des blessures que je ne fus prête à visiter ou à exposer à mes partenaires, dont l'amour aurait pourtant pu m'accompagner à travers les durs jugements et les sévères condamnations dont je m'affligeais. Je restai coincée dans l'analyse cérébrale, d'une souffrance viscérale. Douleur qui m'empêchait d'avancer, vers la liberté d'être aimée. Je n'avais pas la lucidité de mes limites et résistances, ni la capacité au lâcher-prise de mes blocages affectifs. Si l'analyse est limitée, la guérison le sera aussi. Mes comportements inadéquats n'étaient pas dans ce que j'omettais de faire ou de dire, mais dans la racine même d'un comportement conditionné.

« L'amour au passé n'est que souvenir.
L'amour au futur n'est qu'imagination.
C'est seulement ici et maintenant que nous pouvons aimer. » -
Bouddha

L'AMOUR EST COMME UN BONBON

D'abord, ses éclats de saveurs excitent les papilles, ensuite ils les caressent avec tendresse, enfin ils demeurent et s'installent au creux de la bouche conquise.

L'amour est partout, englobe tout. Présent en la pierre comme en la chenille, il alimente l'énergie de toutes cellules qui en sont déjà composées. L'amour est le contenu de toute forme et le contenant qui l'anime, le donneur et le récepteur, il est la cause et la raison. Il est la violence en un torrent et la délicatesse en la rosée de l'aube. La condition le tue, l'inconditionnel le multiplie. Il est le désespoir qui frappe l'autre et le repentir qui le guérit. L'Amour créa ce monde, et le manque d'amour le détruira.

Il ne s'agit plus de donner l'amour, il s'agit de l'incarner.

L'exercice d'aimer demeure abstrait, parce que l'amour n'est pas une action, mais un état d'être. Mon intérêt pour la complicité, la sexualité et l'amour fut la pierre angulaire de ma vie. Je m'y consacrai en émotions, en énergie, en projets, mais croyant saisir son concept, je m'y perdis. Ne sachant pas que sa puissance reposait dans l'acte d'offrir, et non dans celui de quémander. J'ai blessé et souffert, à la recherche d'un compagnon « idéal », celui qui répondrait à mes besoins et guérirait les lésions que mes plaies creusaient sans relâche.

Très jeune, j'ai pressenti l'amour comme le grand maître du dépassement. Un ultimatum chargé de provocations, me poussant à transcender mes peurs. J'ai alors décidé, dans ma clairvoyance de fillette, de consacrer mon existence à cet art mystique d'aimer. Débuta alors une série de rencontres furtives, improvisées ou forcées, dans le but de combler un vide, de libérer un trop-plein. Sous le joug de l'impression frappante, que le seul sentier pouvant me mener à moi-même était celui du cœur, je n'ai eu de cesse de le bousculer et de le mettre au défi. Mon cœur, je l'ai piétiné avec des hommes intenses et confus, je l'ai épuisé dans le lit d'amants épris et passionnés, je l'ai trahi dans les bras de chevaliers essoufflés par mes demandes, puis exténuée, j'ai rampé sur des kilomètres, démunie de l'avoir brisé, sachant que sans lui, je n'étais rien.

Le premier homme que j'ai aimé secrètement, fut une reproduction parfaite de mon père, complexe d'Oedipe bien établi, alcoolique, désorganisé et profondément triste malgré un portrait d'allégresse soutenu. Il était habité d'un vide existentiel, parvenant toutefois à soutenir une vie sociale active et colorée. Il m'aura fallu plusieurs relations avant de constater que le chemin connu que j'empruntais à répétition était empoisonné et me tuait à la racine. Je dû le regarder bien en face ce pattern qui me faisait choisir mes compagnons de vie. En restant prisonnière des modèles, peut-être efficaces jadis, mais obsolètes pour la personne que j'étais devenue, je ne faisais que reproduire des conditionnements désuets, menant à un amour maladif voué à l'échec. J'étais mise face à moi-même, à mes limites et aux refus d'entrer dans l'amour. Je criais haut et fort mes qualités, fière de ma détermination et de mes exploits qui, en fait, était motivés par la peur inconsciente de n'être pas aimée. L'Amour est la base de toute démarche spirituelle, d'épanouissement personnel et de fonctionnement collectif. La science de la physique quantique explique clairement que lorsque tous les univers, les cosmos, les atomes, les planètes, les sons, les vibrations étaient contenus dans un seul et unique point, l'amour en était son élément central parce qu'il est à l'origine de toutes choses, de toutes réalités. Il est le TOUT. La réponse et la question. L'acte d'aimer nous ramène à cette matrice mère, là où il n'y a plus de tensions, de résistances, de doutes, de maladie, de peur. Nous sommes issus de l'amour ultime de tous les mondes, de toutes les sphères, de tous les mystères.

Ce qui m'a coupé violemment de cette source, c'est l'ignorance dans laquelle je me suis abritée, peureuse des splendeurs incandescentes que l'amour érigeait en mon noyau. J'ai couru pour échapper à cette douce folie révélatrice de beautés insoupçonnées, susceptibles de me faire basculer du cachot de mes pensées à la liberté qui m'était promise.

Cette longue série d'histoires d'amour se continua avec mon professeur de sciences à l'esprit érudit. Un homme de cœur pour ramasser le mien déjà en miettes. Je m'aventurai en gambadant, vers cette histoire plus puissante que ma capacité de la vivre. Ce bel homme, de trop d'années mon aîné, a tant bien que mal fauché les mauvaises herbes de mon jardin intérieur et y a semé graines de culture, d'altruisme et de sagesse. Subissant les remous de mes abus, souffrant l'impudeur de mes perfidies, il me murmurait des bémols que je refusais de jouer. Moi, l'autodidacte sans trajectoire. Il fut courageux, ce mousquetaire désarmé devant tant de vulnérabilité mal fardée. Brave chevalier. Il a bien gagné ses galons au prix de cicatrices défigurantes. Il m'a chérie à grands coups de compassion, il a poli mon armure que je prenais soin d'oxyder avec acharnement. Puis... j'ai laissé tomber, près de son lit, mon bouclier érodé. Troublée par ses vents de bienveillance, j'ai quitté son corps, les remords au bout des lèvres, l'échec au fond du cœur. Je me suis sauvée pour m'épargner du remous sismique, de mes plaques spirituelles. Plus faible que ma lâcheté, j'ai fui notre empyrée, à cheval sur mon inconsciente ignorance. Je lui serai éternellement reconnaissante pour sa clémence, sa souplesse et sa gentillesse d'homme bon. Écorchée vive, je décidai d'aller boiter ma peine d'amour ailleurs. Je parcourus des centaines de kilomètres pour aller voir s'il n'y avait pas quelque part un perron d'église qui m'offrirait une histoire plus douce et plus clémente. Des inconnus qui soigneraient mes ecchymoses et démences. Je vécu dans une ville qui ne me connaissait pas, moi qui ne me connaissais plus.

L'amour demeure en la nature, en les étoiles, en la mer, c'est nous qui n'y sommes pas. Escadron de solitaires, on se dirige vers une sévère déficience personnelle et collective, se coupant de notre connexion à l'intelligence supérieure du cœur, ce puissant champ magnétique, régulateur de l'être dans son tout et dans le sacré de l'amour.

Tu marches à l'aveugle
oublies ta peur et l'équilibre
instable qu'il faut subir
avancer sans savoir où
cette marche te conduira.
En toi-même tu espères
rencontrer ce visage qui perdure
malgré toutes les années.
Je viens à ta rencontre
dans la brume du souvenir
tu avances ta main.
Je découvre l'amour qui naît
toutes les écluses sont ouvertes
le silence passe
la chair s'éveille à d'autres
rencontres remplies
d'imprévues de connivences
de désirs liquéfiés par l'ardeur.
Je laisse ma main descendre
le long de ton corps
je me sens revivre en ton souffle
j'accueille l'autre côté du monde
la face cachée des mirages
le vent qui fertilise
l'ultime saveur de l'inconnu
en pressant mes lèvres contre les tiennes.

Extrait du recueil inédit, *Les voix du silence*,
de Jean-Noël Pontbriand.

« Seulement du cœur pouvez-vous toucher le ciel. » - RUMI

Une question clé

Quel est mon engagement envers moi-même dans l'aventure de l'amour avec l'autre ?

On se perd dans le projet de l'autre, dans ses objectifs à lui, à elle, mais qu'en est-il de sa propre visée, celle qui déplace des montagnes et fait naître la magie dans le tangible de l'ordinaire.

L'AMOUR DE SOI fait disparaître l'ÉGO

Lorsque j'aborde le thème de l'amour de soi dans les retraites et ateliers, les participants expriment régulièrement la peur d'être jugé ou accusé d'égoïsme. S'aimer n'a rien de narcissique ou d'égoïste, c'est au contraire un mouvement intérieur menant directement à l'altruisme. Pourquoi ? Lorsque je vais bien, je me tourne naturellement vers l'autre, j'offre mon support, je deviens plus généreux et patient, collaborateur et aimant. À l'inverse, si je suis perturbé par les jugements que je pose sur moi-même, mon manque d'estime me déstabilise, j'ai honte de m'ouvrir aux autres, de dévoiler ma vraie nature. Mes pensées négatives et dénigrantes alimentent mon esprit, j'ai moins de patience, moins d'écoute, je n'ai plus d'espace pour l'empathie et je rencontre les autres avec moins d'intérêt. En bref, je me plonge et me concentre uniquement sur les doutes et projections de ma performance, de mon apparence, de mon discours.

« Si tu veux véritablement connaître le cœur d'une personne, observe comment elle se comporte avec les gens qui ne peuvent rien lui apporter. » - Sagesse hindoue

L'homme et la femme ensemble constituent la

PARFAITE IMAGE DE DIEU

PLATON nous raconte une histoire sur l'amour et le désir, dans Le Banquet, texte écrit en l'an 380 av. J.-C., que je résume ici en quelques lignes.

À l'origine, l'humain était un être composé, soit de deux mâles, produits par le soleil, soit de deux femelles, produites par la terre, soit d'un mâle et d'une femelle, androgynes produits par la lune. Ils possédaient tous le pouvoir ultime de l'amour, les rendant courageux et audacieux, mais leur orgueil les fit monter aux cieux où ils menacèrent les Dieux de les déloger. Zeus, pressentant le danger que représentaient maintenant les humains, chercha une solution pour diminuer leur force et leur pouvoir. Jupiter proposa de les séparer en deux, pour les affaiblir. Son idée fut acclamée et Zeus sépara donc en un trait franc, la partie femelle et la partie mâle de ces êtres d'exception.

« Cette division étant faite, chaque moitié cherchait à rencontrer celle dont elle avait été séparée et, lorsqu'elles se trouvaient toutes les deux, elles s'embrassaient et se joignaient avec une telle ardeur, dans le désir de rentrer dans leur ancienne unité, qu'elles périssaient dans cet embrassement de faim et d'inaction, ne voulant rien faire l'une sans l'autre. Quand l'une des deux moitiés périssait, celle qui subsistait en cherchait une autre, à laquelle elle s'unissait de nouveau...et ainsi la race allait s'éteignant... De là vient l'amour que nous avons naturellement les uns pour les autres : il nous ramène à notre nature primitive, il fait tout pour réunir les deux moitiés et pour nous rétablir dans notre ancienne perfection. » - Platon, Le banquet

Sur l'étendue de mes relations amoureuses panachées de projets, de pleurs et de magie, je n'aimais pas l'autre pour ce qu'il était, mais pour ce que j'espérais qu'il soit. J'étais en amour avec le « potentiel » que je percevais chez l'autre, et non avec ce qu'il était réellement dans le présent de notre relation. Alors, mes attentes étaient démesurées pour la capacité de mon partenaire à s'ouvrir et à regarder ses blessures avec conscience. J'étais amoureuse de la partie « divine » des hommes de ma vie, cette part d'eux-mêmes qu'ils côtoyaient, mais ne savaient pas encore incarner, pas plus que je ne le savais moi-même. Dans ma démarche, j'avançais à tâtons, prisonnière des pièges de ma vision du couple : jugement, attentes et appréhensions. Malgré le privilège d'abondance, d'emplois bien gradés, de maisons réconfortantes, j'étais aux prises avec les démons de mon égo, déclinant la possibilité d'exploîter la vulnérabilité, celle qui libérerait l'amour dans la compassion et l'acceptation de la différence. Ces hommes bons, aimants et généreux que j'ai aimés dans mes désordres, m'ont accompagnée avec force et élégance dans l'affranchissement timide de sournoises blessures.

« Je ne suis pas parfait, tu n'es pas parfait, et c'est parfait. »
- Virginia Satir

les 5 LOIS de l' AMOUR

« Swâmiji m'avait un jour énoncé cinq critères grâce auxquels on peut reconnaître la valeur profonde d'un couple. Ces cinq critères sont en fonction d'une durée, d'un chemin à suivre ensemble* (to grow together), *croître, grandir, s'épanouir ensemble, progresser sur la voie de la maturité, de la plénitude. »* - Arnaud Desjardins, Pour une vie réussie, un amour réussi.

1 – AMITIÉ / FRATERNITÉ

...ne plus être seul(e), être deux personnes qui partagent leur existence, leurs différences, leurs goûts communs, leur amitié, leur complicité.

- Arnaud Desjardins

Pourquoi l'histoire d'amour basée sur une solide amitié a-t-elle plus de chance de perdurer dans le temps que la passion exaltée des désirs. La courte durée de cette fusion charnelle limite la possibilité d'une connivence où la fraternité pourra s'installer pas à pas. Sans stipuler que l'on doit éviter l'attraction sexuelle « coup de foudre », il est sage de garder en vue qu'une relation qui se déploie dans le temps prédispose à une complicité et mène tout aussi bien à un puissant feu de plaisirs et d'intimité érotique. Le tantrisme étant ici une approche à découvrir, compte tenu de la familiarité des corps à travers laquelle l'exploration pourra prendre place.

Prenez quelques minutes pour aller revisiter dans votre mémoire la façon d'agir que vous privilégiez avec un ami qui vous est cher, soit-il en crise existentielle ou en période d'enthousiasme. Quel est votre accueil envers ses états de découragement, ses épisodes de négativité ? Êtes-vous à l'écoute ou en déni de son stress et de son désarroi ? Il est plus facile d'écouter un ami, parce qu'on ne s'identifie pas à sa colère, on ne se sent pas concerné par ses états d'âme, on ne prend pas sur soi ses tourments ou intolérances. Par contre, nous sommes facilement happés par les sautes d'humeur de notre partenaire. Inconsciemment, nous désirons être rassurés par son équilibre et son attitude juste. Sa manière de se comporter interpelle nos besoins inconscients et nos attentes non résolues.

Lorsque les désaccords crient plus fort que l'amour, imaginez que votre partenaire soit un ami qui vous est cher et à qui vous voulez du bien. Prenez quelques respirations conscientes afin de demeurer en cet espace d'ouverture et de compassion tout au long de votre échange, de votre dispute. Cette approche vous surprendra et offrira à votre partenaire ce sentiment de n'être plus seul dans son trouble et de n'être pas jugé.

Vivre auprès de son meilleur ami, être compagnons et cheminer ensemble, élimine la nostalgie de croire que l'on peut trouver mieux ailleurs. L'amitié en amour nous donne des ailes, celles de notre authenticité.

2 – ÊTRE À L'AISE

... ressentir ensemble aisance et bien-être ; pas de drame, pas de tragédie... dès qu'on est ensemble, tout se dénoue, tout s'arrange, tout se passe bien... - Arnaud Desjardins

Dans ce siècle de paraître et d'étourderies, de sexe à douze ans et de quête d'identité, il n'est pas surprenant de constater le manque de naturel encore présent dans un couple établi dans le temps (fréquentation prolongée) et l'espace (vie commune). Les stéréotypes nous soufflent à l'oreille une conduite à adapter et le Mental nous montre la route vers une recherche continuelle de moments magiques et intenses. Ces comportements inconscients nous font dépenser une quantité énorme d'énergie émotive et créent des attentes illusoires de faux bien-être. On veut se rappeler qu'il est sain pour deux êtres en relation d'être à l'aise ensemble, de choisir que les choses soient faciles et simples, de ne pas baser la rencontre sur les apparences du corps, mais de se permettre l'imperfection et le naturel.

Le silence est un ami de l'aisance, et le commentaire son ennemi. Savoir se taire et jouir de la présence de l'autre, aisément.

3 – N'ÊTRE PAS TROP DIFFÉRENTS

... complémentaires, oui, mais pas trop différents !

- Arnaud Desjardins

Il est assurément excitant de rencontrer une personne complètement différente de soi. Un éventail de stimulus nous interpelle et la découverte nourrit la relation de conversations animées. Prudence en ces différences qui ne sont pas ici d'ordre ethnique ou professionnel, mais des différences intrinsèques, motivées par une histoire de vie encore vibrante. Il est judicieux de se demander quels sont nos objectifs à moyen terme ? Elle, désire s'installer et ne plus bouger (sédentaire), Lui, rêve de partir et d'explorer (nomade). Exemple simple, vous me direz, mais combien fréquent. On se fait croire que l'on s'ajustera le moment venu. Changer ses rêves et objectifs, pour répondre à ceux de l'autre, n'est pas chose facile et crée une brèche au centre d'une fondation en construction. Rester moindrement fidèle à ses desseins est une avenue sereine, plus garante de la réussite d'une relation stable.

N'être pas trop différents et n'être pas pareils

Je me suis aperçue un jour que je cherchais un partenaire qui pensait comme moi, qui vivait comme moi, et qui avait un passé similaire au mien. Autrement dit, dans ma déraison et mon immaturité, je cherchais une autre Moi. Veut-on vraiment vivre avec une réplique de soi-même ? L'immaturité m'incitait à croire que je pouvais trouver une personne qui agirait comme je désirais qu'elle agisse, qui prononcerait les mots que je souhaitais qu'elle prononce, et au moment où je le souhaitais. J'étais très loin de rechercher une complémentarité.

Aujourd'hui, je sais que deux natures, sans trop de différences majeures, aspirant aux mêmes objectifs à moyen et long terme, ont de bonne chance de former un couple solide, permettant la liberté d'expression unique de chacun. Cette relation sereine et mature prend alors ses fondations dans la complémentarité, en une association respectueuse et attentionnée.

4 – AVOIR UNE CONFIANCE ABSOLUE

...Elle ne peut pas me faire de mal, il ne peut pas me faire de mal... retrouver un cœur d'enfant confiant. Puissiez-vous ressentir une complète confiance que n'éprouve aucune nécessité de se méfier, d'avoir peur ou de se protéger. - Arnaud Desjardins

Avoir en tout temps une confiance absolue en l'autre, tout en sachant que l'autre fera des erreurs, et me déstabilisera par moments, mais savoir que cette personne ne me fera pas de mal. Cette confiance absolue facilite la communion et le don de soi, antidotes à la jalousie. La jalousie est une émotion destructive et provocatrice de réactions enracinées dans les peurs du passé. La non-confiance est le plus grand ennemi de l'amour. Puisque notre partenaire se veut notre ami et confident, une confiance absolue est la pierre angulaire de la relation. Cette confiance absolue apaise le corps et participe à sa santé globale. Elle donne aussi confiance en soi et participe à son équilibre psychologique.

5 – DÉSIR DE RENDRE L'AUTRE HEUREUX

...Enfin, retrouver son bonheur dans le bonheur de l'autre. Si cette impulsion est réciproque, si chacun trouve son bonheur dans le bonheur de l'autre, les deux sont évidemment comblés.
- Arnaud Desjardins

Nous ne parlons pas ici de soumission teintée du concept judéo-chrétien de la subordination de la femme à l'homme, mais plutôt du désir de rendre l'autre heureux, parce que son bonheur nous réjouit. Ne pas donner à l'autre pour se faire plaisir à soi, mais donner à l'autre ce dont il a réellement besoin. Que puis-je faire pour lui ? Vous remarquerez ce que vous choisissez d'offrir en cadeau aux autres. Est-ce un cadeau qui vous plaît à vous ou une offrande en réponse aux véritables besoins de l'autre ? Êtes-vous aussi heureux d'offrir que de recevoir ? Le couple est une occasion privilégiée d'expérimenter le ravissement, dans la simplicité et l'ouverture du don. L'humain est à l'origine un être d'amour, il en est tissé, en est le transmetteur et le récepteur. Osez rencontrer l'autre au centre du sacré.

* En se rappelant que si vous ne vous aimez pas, il sera difficile pour l'autre de vous aimer.*

La pratique de ces 5 lois permet à la relation de se transformer. En demeurant réceptif aux changements, en ayant confiance en sa démarche et en acceptant la différence chez l'autre, une joie quotidienne s'installe et les authenticités respectives s'expriment librement par l'enthousiasme, la créativité et la douceur.

« Le mal, c'est le bien que l'on veut imposer aux autres. » - Besret

Demeurer en la source jusqu'à l'infini de chaque seconde

l'AMOUR ... est une DROGUE

Vous est-il déjà arrivé, lors d'une période interminable de célibat, de dresser un portrait du compagnon ou de la compagne dont vous rêvez, d'écrire une liste exhaustive des qualités indispensables à cette personne et une autre des traits de personnalité que vous considérez inacceptables. Cette liste est en quelque sorte un pacte avec nous-même sur les limites à ne pas dépasser. Alors pourquoi dérogeons-nous de nos demandes et besoins lorsqu'un « coup dc foudre » nous fait plier les genoux et sourire béatement. Réponse : parce que l'amour est une drogue.

Ceci n'est plus un mystère, l'amour a le même effet sur le cerveau qu'une drogue. Il crée une dépendance, une euphorie, une altération de la réalité et des comportements. Rappelez-vous comme c'est agréable de se sentir léger et insouciant. Pendant cette période d'hilarité, le cerveau est maître à bord et responsable de toutes les décisions et émotions, et il est très difficile de contrer son emprise. Nous croyons prendre des décisions consciemment, mais en fait, nous sommes foncièrement gouvernés par l'inconscient. Des chercheurs scientifiques nous expliquent que le cerveau nous maintient dans un encadrement d'habitudes et de points de repères familiers qui nous empêchent de voir l'objet de notre attirance tel qu'il est vraiment.

EXPLICATION BIOLOGIQUE

Cette situation, pour le moins déstabilisante appelée « amour », est reçue par le cerveau comme une alarme, un danger, une forme de stress menaçant. Aussitôt que l'alerte de déclenchement des réactions du stress est lancée au corps, celui-ci répond immédiatement à la situation de danger éminent. Et c'est parti !! L'amygdale, responsable de la peur, s'active et le cortisol, hormone du stress, se manifeste. Les comportements inappropriés de l'autre ne semblent pas nous déranger car on ne les voit plus, nos sens étant affectés par les signaux que le système nerveux sympathique envoie, dans le but d'optimiser la performance de tous les organes en cette situation menaçante. Et toute une série d'ajustements s'active suite à ce bouleversement intégral. Nous ne sommes plus nous-mêmes ! Au sens propre et figuré.

Après ce dur combat, l'endorphine nous gratifie de son euphorie, la sérotonine annihile nos sautes d'humeur et cette merveilleuse dopamine, surnommée avec raison l'hormone du bonheur, nous donne le goût d'aimer, de créer, de découvrir, de faire l'amour.

Voilà pourquoi nous sommes en état de manque lorsque l'objet de notre amour est absent. À notre insu, nous devenons dépendants l'un de l'autre, pendant que l'intimité physique devient une activité privilégiée. Ceci perdure des semaines, des mois, jusqu'à ce que l'euphorie et l'ivresse diminuent. Désespoir !! Comment est-ce possible que je ne sois plus aussi excitée à sa venue, aussi touchée par ses propos, aussi émue par sa tendresse ??? Ne pas s'en faire, une autre hormone arrive à la rescousse ! Ocytocine, l'*hormone de l'amour !* Elle est l'engagement conjugal, la possibilité d'un futur à deux, précieuse et bienfaisante, elle injecte en nos veines et cellules une rassurante confiance en l'autre et une bonne dose de générosité. Elle transmet à notre organisme son message d'empathie, aussi essentiel à la relation durable. Cette hormone de tendresse et d'affection agit au premier plan dans les comportements maternels dès l'accouchement.

Demeurer inconscient de la factualité de ces phénomènes physiologiques limite la compréhension des transformations en cours et incite à romancer les conclusions de la rencontre.

La lucidité nous redonne le pouvoir de choisir, d'aimer mieux, de regarder l'autre pour ce qu'il est, de l'étudier volontairement avec sensibilité et maturité, pour prendre une décision éclairée et en harmonie avec nos besoins et capacités réels d'aimer et de se laisser aimer.

FAIRE l'AMOUR

Lorsque j'ai eu le courage de me regarder aimer, ma vie a chamboulé et, en peu de temps, une transformation relationnelle s'est amorcée. M'observer faire l'amour fut le point culminant de ce changement fondamental d'attitude dans mes relations amoureuses. Quelle était mon ouverture à l'autre? Étais-je libre dans mon intimité avec l'autre ou prisonnière de vieilles blessures, de mémoires inconscientes d'un passé résolu ? Étais-je présente à mon corps et à ses sensations réelles dans le moment présent, ou partie faire l'amour dans ma tête ? Était-ce possible pour moi de me plonger dans le regard de celui que je disais aimer. Le plaisir sexuel était une clé maîtresse pour l'étude de ma capacité à l'amour. J'observai donc la teneur et l'origine des plaisirs que j'éprouvais sur tous les plans, dans tous mes corps. J'avais comme objectif de vivre chaque plaisir organique et holistique, en toute conscience, dans le réel de chaque intimité, et non plus par procuration, sur une mémoire qui s'était enregistrée dans les souvenirs de mon ADN. Étais-je passionnée en référence aux conditionnements de mon corps, ou vraiment en synergie avec l'autre, soit-il habillé et/ou dévêtu. J'allais devoir être transparente avec moi-même.

Lorsque les conditionnements de l'enfance
et des relations passées se brisent,
une communion sans frontière se libère
de ses tabous.

La recherche de vérités intimes nous fait voir des évidences, jusque-là repoussées avec honte. Cette vérité, cachée dans nos retranchements les plus secrets, est la fondation même de nos limites sexuelles. Faire l'amour avec retenue, faire l'amour avec amertume, faire l'amour pour être admiré, faire l'amour sans amour... Rester constamment en contact avec la transparence de son senti, dans une sexualité plus organique que mécanique, ouvre la porte sur notre capacité à l'intimité, dans un engagement complet avec l'autre dans l'acte de l'amour.

Ce que nous éprouvons est-il réellement associé à la sensation immédiate d'un plaisir tangible ou à une délectation générale de l'acte sexuel cérébral, là où la caresse n'est plus spontanée, mais réfléchie, et où la performance individualisée est prise en charge par l'égo. Le plaisir partagé dans le charnel des corps, en l'instant réel, invite à la rencontre de la jouissance.

La sexualité ...un facteur de santé

La sexualité est une activité pratiquée par tout ce qui est vivant, plantes, minéraux, animaux (et nous en sommes). La communion entre la femelle et le mâle, le yin et le yang, le positif et le négatif, est à la base de toute existence ou forme de vie. L'humain, tendu et aux prises avec un bagage émotif explosif, a perturbé la nature de l'acte de se reproduire harmonieusement, en ne répondant plus aux besoins innés de son corps et de ses sentiments : attirance, amour, joie et tendresse. C'est pourquoi la sexualité « dénaturée » entrave le rapport à l'autre et l'équilibre de la psyché humaine. D'innombrables études démontrent l'importance et les bienfaits de la sexualité dans sa fréquence et sa manière de l'exercer. À l'ère de la recherche de bien-être et de solutions médicales, faire l'amour est de plus en plus recommandé par les professionnels de médecines holistiques : acupuncture, homéopathie, médecine traditionnelle chinoise, âyurveda, tantrisme, naturopathie ; de plus en plus de pratiquants de médecine conventionnelle allopathique (symptomatique) incluent dans leurs observations les habitudes sexuelles de leurs patients afin de dresser un portrait plus juste des provenances des dépressions et instabilités psychologiques et physiques.

Les recherches scientifiques n'ont de cesse d'exposer clairement les nombreux bienfaits de l'acte sexuel. En voici quelques-uns récurrents dans tous les résultats d'études.

Les BIENFAITS

Faire l'amour…

- régulièrement, est fortement conseillé pour les cœurs fragiles (au sens propre et figuré) ;
- accélère le rythme respiratoire et augmente la fréquence du rythme cardiaque, ce qui participe à l'élimination des toxines ;
- au moins deux fois semaine, diminue de 50 % le risque de problèmes cardiaques ;
- au moins trois fois semaine, rajeunit les pratiquants ;
- stimule le système immunitaire ;
- augmente la longévité ;
- excellent pour les migraines ;

- augmente le seuil de tolérance à la douleur de 75 % suite à la production d'endorphines, (hormone naturelle qui réduit la douleur) et
- diminue l'anxiété et le stress, car l'orgasme produit la dopamine, une substance qui combat les hormones responsables du stress.

* Ces bienfaits sont en partie dus à la sécrétion de la dopamine, de l'endorphine et de l'ocytocine, les hormones du bien-être et de l'amour sécrétées avant, pendant et après l'orgasme.

Épicurienne du corps, fascinée par le miracle de l'organisme humain, j'avais naïvement cru ma génétique exceptionnelle être la seule responsable de ma bonne santé et de mon état physique général. Mais NON ! Je compris rapidement les aspects positifs de mon engouement légendaire pour le corps et ses merveilles. Oui… faire l'amour m'avait gardée en forme et nourrie des éléments indispensables à un épanouissement in extenso.

La TENDRESSE rend vulnérable, ouvert et sensible
au mystère qu'est l'autre.

Le bonheur à deux n'est pas un but,
mais un état d'esprit
qui se cultive dans l'intelligence et l'acceptation,
c'est une rencontre ayant le potentiel
de libérer en nous
créativité et ouverture à ce qui est.

L'AMOUR
la rencontre libre entre deux mondes

ou

la rencontre entre deux mondes libres

COMMUNICATION
Communiquer en conscience ou réagir sans réfléchir.

Sous la tension, nous échangeons plus souvent qu'autrement en mode réponse automatique et plusieurs options de communication négative se présentent à nous. L'interaction devient colorée d'automatismes et le contact avec l'autre ne s'établit que superficiellement. S'il y a tension, les comportements de protection s'activent aussitôt : accusation, condescendance, violence, pleurs, fuite et toute autre réaction de communication qui vous vient à l'esprit en ce moment.

Je vous invite à prendre quelques minutes pour noter les habitudes pernicieuses de communiquer que vous avez développées, involontairement, à travers le temps. Cet exercice se fait dans le non-jugement et dans la compréhension que la première personne à souffrir pendant ces épisodes est vous-même.

« Rester en colère, c'est comme saisir un charbon ardent avec l'intention de le jeter sur quelqu'un ; c'est vous qui vous brûlez. » - Bouddha

J'ai personnellement longtemps fait usage d'argumentation, de dureté, parfois même de condescendance, quand j'étais au sommet de ma performance. Une chose était claire : j'avais raison de toute façon. J'étais aussi assez performante en la « bouderie ». Vous savez cet état de fermeture dans lequel on se referme comme une huître, feignant que tout baigne. Avec cette technique, on s'assure que la communication est vouée à l'échec. Cette fermeture, c'est la colère en rumination, sans éclat. La colère on l'explore, on l'exprime, on la manifeste. Dans la bouderie, on la rumine. Toutes nos pensées, nos émotions, nos muscles, notre sang, sont empoisonnés par le sujet qui nous captive. La voix se transforme, le regard s'embrouille. Le corps vit un traumatisme majeur, et l'esprit une détresse.

Prenez le temps d'observer et de regarder avec courage les réactions conditionnées dont vous êtes victimes et dont il est nécessaire de vous libérer, se rappelant que toute forme de communication perturbée et non sereine est souffrante pour celui ou celle qui la véhicule.

la DÉPENDANCE AFFECTIVE

...être dépendant de l'être que l'on « aime » éperdument et auquel on est « attaché ».

La dépendance affective est si sournoise que l'on peut facilement la confondre avec adoration ou amour. Elle est la mauvaise sœur de la fusion passionnelle, de la passion charnelle.

Ne plus se consacrer à ses propres occupations et objectifs, mais se dévouer entièrement à celles de l'autre, et graduellement perdre intérêt pour son travail et ses tâches habituellement stimulantes. Se sentir déstabilisé et préoccupé en l'absence de l'autre. Craindre d'être soi-même pour ne pas déplaire à son partenaire. Etre dépendant, c'est aussi la soif insatiable du regard de l'autre sur soi, ce besoin sans fond de reconnaissance, qui persiste tant et aussi longtemps que l'on ne revient pas à la rencontre de ses propres valeurs et intérêts.

Chacun est entièrement responsable de sa dépendance. Elle n'est pas issue de l'autre, mais bien de soi. Je donne à l'autre le droit de passage, la permission de prendre toute la place en m'oubliant. Je suis responsable de cet incessant doute, de cette retenue amère, de ce regret morose de ne pouvoir être affranchi et émancipé.

Je vous transmets le précieux témoignage d'un participant, venu assister à un atelier sur l'amour.

« La vie a été dure avec moi. Je vivais avec une femme que j'aimais énormément. On s'est séparés trois fois, mais on revenait toujours ensemble. Sans que je m'en rende compte, j'ai commencé à dire oui à tout ce qu'elle voulait, pour lui faire plaisir. Mais étrangement, au lieu de la rendre heureuse, ça l'a rendue impatiente avec moi. J'ai vécu l'enfer. Elle est devenue méchante et condescendante. C'est terrible tout ce qu'elle m'a fait vivre. J'étais l'homme le plus malheureux du monde. On a consulté un psychologue, elle disait vouloir changer, mais ce n'était que des mots. J'avais beau tout essayer, elle n'avait pas l'intention de changer, ni de s'excuser. Ma famille et mes amis se sont éloignés. Après dix ans d'incompréhension et de guerre, je suis devenu très tendu et je suis tombé malade. J'ai dû être hospitalisé. Elle venait souvent me voir à l'hôpital et, un matin, quand je l'ai regardé ouvrir brusquement les rideaux, le visage fermé et la bouche crispée, j'ai réalisé que cette femme, avec qui je partageais ma vie, était profondément malheureuse, que mes efforts pour la rendre heureuse, au détriment de mon équilibre, ne lui apportaient rien. Du même coup, j'ai réalisé que si j'étais si malheureux, c'est que je lui permettais de me bousculer. Je ne me respectais pas. Je n'agissais pas selon mes valeurs. Je m'étais oublié par peur d'être seul. J'étais le seul coupable de ma souffrance. Je ne me respectais pas et j'agissais complètement à l'opposé de mes croyances. J'étais déçu et en colère de m'être traité de la sorte. Avec le temps et du support, je travaille à me pardonner de m'être fait autant souffrir. »

Il est l'œuvre de toute une vie de se connaître, de se guérir, de se permettre de déployer ses rêves au-delà de ses propres frontières, d'activer dans la rafale le battement de ses ailes et de s'élever en puissance au-dessus des tempêtes de sable de la bêtise.

Le silence révèle et répare

LES DIMANCHES
...juste une perception

En cherchant les causes de souffrances, nous rencontrons la perception. Elle est une des raisons premières de négativité, de peurs et de discorde. Elle est la lecture d'une situation ou d'une personne, effectuée à partir d'une mémoire émotive et sensorielle. Cette perception altère donc la réalité et nous empêche d'être en contact réel avec la situation présente, car nous regardons ce qui se déroule avec les yeux, l'émotion et l'esprit d'une expérience passée. De vieilles impressions se sont imprégnées en nous et ont laissé leur message dans notre inconscient, ce qui altère nos pensées et nos réactions du présent. Lorsque ces impressions sont négatives et limitatives, la lecture de ce qui nous entoure est basée sur une blessure, elle est donc biaisée et non libre. Elle nous sépare de ce qui est réellement dans l'instant et nous garde prisonnier de la mémoire d'expériences anciennes.

Une perception cafardeuse qui fut longtemps la mienne

Une perception est un transfert d'image posé sur une réalité nouvelle et différente. Elle peut être déformante, soit-elle génératrice de réactions positives ou négatives.

Mes dimanches, le souvenir d'enfance d'une mélancolie familiale. J'ai vécu mes dimanches de fillette dans l'appréhension d'une dispute parentale, dispute qui me privait de la présence et de l'attention de mon père.

En ce jour de repos et de messe dominicale, les comportements paternels étaient imprévisibles. Lors des « bons » dimanches, le rythme du temps et celui de mes alarmes intérieures ralentissaient. C'était une journée complète sans excès, où mon père, presque sobre, me regardait et me voyait. La douceur d'un jour de consommation non excessive, dans la détente et la permission de vivre près de lui, était synonyme de proximité de son amour. Le dimanche donnait son temps à mon père pour se remettre les idées en place, après une semaine en crescendo de buveries entre amis, après un travail exigeant dans l'achalandage d'une ville garnie de bars et d'alliés. Son corps robuste ne disposait que de cette journée pour remettre, un tant soit peu, ses cadrans à l'heure et recharger sa machine qui n'était plus de guerre.

Ce jour d'espoir commençait par un œuf battu, un peu de lait, de sucre, et beaucoup de brandy, qu'il battait dans un long verre transparent. Les yeux fermés, il avalait ce bonheur délectable, ce précieux calmant analgésique chargé de diminuer la douleur de son corps et de son âme. En ouvrant les yeux, déjà plus calme, il me regardait de son plus beau sourire, me donnant la dernière gorgée de son élixir. Tous les dimanches, je l'espérais cette gorgée et la buvais les yeux fermés, dans la délectation de son amour paternel. J'avais 6 ans.

Pour ma mère, c'était la fin d'une course, après une semaine d'espoir, en diminuendo, que son mari ralentisse le rythme athlétique de sa consommation. Le dimanche, elle prenait un deuxième café et fumait une deuxième cigarette. Le dimanche, elle baissait les bras.

Pour mon jeune frère, c'était un jour des plus insécurisants. Peu importe le déroulement de la journée, je le savais rempli d'une profonde tristesse. Ses yeux noirs étaient voilés et ses rires inquiets, jusqu'à ce qu'il s'assoit à table et que notre père lui enseigne les techniques de dessin qui lui servirent de levier à une passion qu'il nourrit encore aujourd'hui. Après le dessin, nous avions droit à un cours d'acteur. Notre comédien de père nous présentait la démarche d'un personnage que nous devions reproduire. Malgré tous nos efforts, nous ne parvenions que très rarement à satisfaire ses exigences de maître. Intéressant de constater que je fus jadis comédienne professionnelle et que mon frère est aujourd'hui dessinateur et acteur professionnel, apprécié et respecté de ses pairs.

Nous avons vécu, tous les quatre, des émotions différentes, en avons gardé un souvenir différent, et avons été imprégnés de perceptions individuelles uniques. Ces perceptions ont coloré nos dimanches respectifs de façon très personnelle. La perception est unique, car elle prend sa source en une expérience intime.

Jeune mère dans la vingtaine, tous les dimanches matin, cette perception de mon enfance m'attendait au pied du lit. Ce souvenir, du besoin d'attention et de reconnaissance paternelle, s'était incrusté en mon inconscient et affectait ma perception de chaque dimanche. J'étais complètement dévastée si mon conjoint n'était pas joyeux et s'il ne me donnait pas une attention particulière, en cette journée, de grande fébrilité et de désarroi.

Le même sentiment de solitude persista lors de périodes de célibat. C'était la déprime, la débandade du désespoir. Il n'y avait rien de plus triste que la solitude du dimanche, pénétrante et ravageuse, dont il me fallait tout un lundi pour m'en remettre. Le jour par excellence de la mélancolie. Il y avait de ces dimanches insupportables pendant lesquels j'aurais donné tous mes avoirs et mon pouvoir pour une simple marche en amoureux, ou une activité familiale garnie de rires et de chocolat chaud. Ma perception du dimanche n'avait pas d'égal, elle était hors compétition, médaillée olympique des impressions négatives indélogeables. Un cri d'appel aux impromptus analgésiques retentissait de la terre en ce 7e jour, dit de repos.

J'ai donc regardé cette souffrance bien en face et je me suis penchée sur sa cause afin de changer consciemment ma perception erronée de la situation, et parvenir à l'expérience réelle de ce que chaque dimanche apportait. Tout ceci dans la bienveillance et le non-jugement de mes nombreuses rechutes.

Il y avait souffrance, il y avait une cause à ma souffrance, il y eut cessation de cette cause et il y eut un chemin vers la libération de ma souffrance.

le SYNDROME collectif du dimanche

Le blues du dimanche soir

Un état de déprime et d'anxiété s'invite les dimanches soirs, dans plusieurs salons. Une inquiétude et une tension à l'approche du lundi, jour du retour au travail. Cette appréhension négative du futur, basée sur une projection d'un lundi composé de situations imaginaires, affecte l'exercice neurologique et provoque un stress réel sur l'ensemble du corps, et pourtant tout ceci n'est vécu que dans notre esprit. Nous sommes encore dimanche, et lundi n'est toujours pas arrivé ! Exemple parfait de l'ultime pouvoir destructeur de la pensée non consciente. Nous passons la semaine à espérer la fin de semaine, et la fin de semaine à appréhender la semaine.

Le dimanche est, dans plusieurs philosophies, jour sacré de répit et de détente. L'humain s'arrête et rencontre son Dieu afin de le remercier, le prier, le vénérer. Une occasion en or pour le système nerveux parasympathique de faire son précieux travail, dans un but de conservation de l'énergie : rééquilibrer le corps, le cœur et l'esprit en la régulation de l'ensemble des différents systèmes, faciliter la digestion, et stimuler l'appétit sexuel. Le dimanche est donc une journée par excellence pour faire l'amour et manger. *Un dimanche parfait !* Quand on se porte bien le dimanche, on sourit aux étrangers, on tient la porte à n'importe qui, on salue les voisins, on a des ailes. La grâce matinée est au menu, les exceptions alimentaires bienvenues. Le dimanche, l'indulgence est au rendez-vous, et la vigilance garante de précieux moments apaisants.

SANS DEMAIN

La minute où je réalisai que demain n'était en fait qu'une projection de l'amalgame de mes attentes et appréhensions, basées sur des expériences passées, je vis se dissoudre sous mes yeux le spectre de l'avenir. Il n'y avait plus de demain réel, de futur tangible. Une charge énorme glissa de ma tête à mes épaules, le long de l'épine dorsale, nettoyant au passage chacune de mes vertèbres encrassées du calcium de la peur que demain ne me nourrisse pas. Mon corps se libéra d'une frayeur incrustée sur les disques et ligaments de mon arbre généalogique interne. Dès lors, une permission s'est déposée en ma psyché et je découvris l'extase de faire ce que je voulais, ce qui était juste d'accomplir. Je reçus la licence d'agir selon mes aspirations, en un acte de pleine responsabilité.

Les rencontres devinrent uniques, les mots de précieux transporteurs de messages, les opportunités un cadeau et non plus un dû. Aucun fait n'était anodin, aucun imprévu inapproprié.

Le demain des événements perdit son urgence, puisqu'il n'était pas encore écrit.

Cette course dans le vide de l'anxiété, à ressasser, à remâcher, à redessiner 1000 fois un tantôt fictif, nous tue. C'est seulement lorsque l'on choisit de vivre sa vie, en minutes et en expériences, qu'il est possible d'échapper à la démence de l'anticipation.

L'idée d'un futur et la peur de le manquer créent angoisse. Mais comment peut-on rater son futur puisque nous le dessinons nous-mêmes à chaque pas, à chaque décision, à chaque oui ou non. Le film américain *Groundhog Day* (Le jour de la marmotte) est une représentation parfaite de ce processus. Un homme blasé de la vie revit continuellement la même journée, sans intérêt dans l'attente du prochain moment qu'il connaît par cœur. Il appréhende, anticipe et ne vit que dans les perceptions accumulées et reconfirmées à chaque matin de cette journée éternelle. Les habitants du village lui disent les mêmes phrases, la productrice dont il est secrètement amoureux arrive toujours à la même heure, dans le même esprit. Elle n'a aucun intérêt pour cet homme, le trouvant vide de sens et superficiel, jusqu'au jour où il entreprend de s'investir réellement dans cette journée répétitive. Il prend les cours de piano qu'il avait toujours voulu prendre, s'investit dans la lecture de poésies et autres activités pour lesquelles il se découvre une passion. Il commence alors à redécouvrir cette sempiternelle journée, avec une curiosité rafraîchissante. Il modifie à son insu ses comportements et attitudes, jusqu'au jour où la productrice perçoit chez lui cette nouvelle profondeur, cette authenticité qui émane des gens présents, entiers, parce qu'ils ne sont pas préoccupés d'un ailleurs abstrait, mais heureux de jouir de la surprise que le présent leur offre.

Nous clôturons notre esprit dans les murs du *stresseur* le plus puissant de notre époque : le temps.

FEMME de GRAND SAVOIR

À l'âge de 14 ans, je me suis intéressée au bouddhisme pressentant que le message véhiculé s'adressait non seulement à toute la race humaine dont je faisais partie, mais à moi particulièrement. C'est à cet âge que ma mère m'enseigna la méditation et le voyage astral. J'avais définitivement les prédispositions au recueillement et l'intérêt nécessaire pour la bienveillance et le non-jugement.

Cette femme guide, que j'ai eu l'honneur d'avoir pour mère, m'a appris l'importance de nourrir mon esprit de pensées saines et positives, prenant en compte leur puissance sur la matière.

N'ayant aucune connaissance particulière, ayant appris par elle-même tout ce qu'elle savait être juste, elle nous guida, mon frère et moi, avec sagesse et grand savoir.

Jusqu'à ce jour, égarée dans le brouillard de sa maladie, elle partage un discours dont nous avons tous besoin, celui de regarder la lumière que nous projetons devant nous et de la suivre.

« *Si je m'abandonnais au découragement de mon état, ce serait bien plus difficile, alors j'accepte. C'est comme ça, je n'y peux rien. J'accepte.* »

Je pleure la mère qui s'éloigne dans le brouillard et la sage dont je préserve précieusement la voix.

Son message, *Accepter ce qui est.*

Le désintéressement à notre divinité est synonyme d'extinction

COMÉDIENNE congédiée

Comédienne en herbe, acceptée parmi des centaines de postulants, dans une école de renom, on me donne les premiers rôles, je me découvre du talent, et un rêve à poursuivre. Un avenir prometteur se dessine à l'horizon d'une carrière à laquelle j'aspire intensément. J'ai une facilité, un naturel et un plaisir fou à interpréter tous les personnages, à jouer toute personne autre que moi. Un seul petit caillou dans le rouage de mon moulin. Je consomme allégrement drogues et élixirs, ce qui limite ma disponibilité et mon investissement d'élève apprentie. La direction de l'établissement sévit. Premier avertissement, petit ralentissement de ma consommation de toutes les dépendances. Deuxième avertissement, aucune modification de mes comportements. Je n'ai pas droit au troisième avertissement, on me fout à la porte. Du haut de mon arrogance, manifestation camouflée de la détresse qui m'habite, je plie bagage sans trop de vague. N'ayant pas encore brûlé toute les cellules de mon intelligence, je sais très bien que cette décision est pour le bien de tous, y compris le mien.

Une chute abrupte s'amorce vers la perte de contrôle, je vivote dans une grande ville où je déambule inaperçue.

Je joue au billard dans un bar ,où on m'engage. Les clients sont respectueux, l'atmosphère est bon et la musique géniale. Je prends un shooter, ou quatre, avec des amis qui passent me voir et petit train bon train, je me rends à la fermeture, comblée d'un pourboire généreux et d'une douce ivresse. La vie est bonne, que je me dis. De jour en jour, de mois en mois, je continue malgré les matins plus ombrageux à chercher un théâtre chez qui je pourrais mettre mon talent à l'œuvre, ce qui me permettrait de m'éloigner du cercle vicieux dans lequel mes « amis » me gardent précieusement prisonnière. Puis un découragement s'installe, puis un autre, une apathie me gagne, je m'enracine sur le sofa. Il va sans dire que ce n'est pas dans la nourriture que je vais chercher les nutriments qui pourraient m'éloigner de l'anémie chronique dont je souffre. Heureusement, j'ai une génétique qui maintient un fonctionnement de base assez performant pour me permettre de distribuer mon curriculum vitae et de faire des auditions pathétiques, en vain. L'été arrive, mauvais moment pour les emplois... parfaite saison pour la détente. On recommencera les recherches en septembre.

Les jours de pluie, je me cache dans mon divan. Ces jours-là, je bois un thé et me retrouve, consciente de ma situation, j'analyse timidement mes capacités à m'en sortir. Un de ces après-midis de pluie, en conscience lucide, je supplie la vie de m'aider, de me donner un signe, un événement, un seul, celui qui me redonnerait la détermination que je me connais et qui fait foi de mon parcours à ce jour. Le lendemain matin, le début de ma nuit, on cogne à la porte. Je ramasse mes esprits et un chandail. J'ouvre à demi, pour y découvrir un ami très cher dont le regard d'amour et de non-jugement me bouleverse. Il entre, je me cache dans ses bras. Je pleure, il m'accueille. Nous restons là, immobiles devant la porte, le temps que je reprenne contact avec ce qu'il y a de bon en moi. Il nous fait un thé et me raconte. Il a été envoyé par ma mère pour me venir en aide. Ma famille, que je garde à distance, est inquiète. Cette distance est égale à l'ampleur de ma dérive, ils l'ont bien compris, c'est pourquoi mes longs silences les ont alertés sur mon état. L'ami bienveillant me demande de préparer un sac de voyage, puisqu'il m'amène dans ma ville natale, rencontrer ceux qui connaissent le courage et la bonté dont je suis tissée.

Aujourd'hui, leur preuve d'amour est cet ami porteur d'une missive. Je suis sommée de me présenter devant eux dans les prochaines 24 heures. Impossible. Je refuse. J'ai peur, non pas d'eux, mais de la honte à laquelle je devrai faire face en leur présence. Il est plus douloureux de sentir leur accueil sans jugement ni condamnation que de me faire critiquer ou repousser, car je sais mériter ce châtiment. L'ami, qui siègera lui aussi sur le conseil de tribu, me fait comprendre que ce n'est pas une invitation, mais une injonction. Si je refuse la rencontre, ma mère se permet le droit de ne pas communiquer avec moi le temps que je reprenne ma vie en main, ce qui, d'après eux, risque d'être dangereusement long. La souffrance que mes choix lui causent me torture. Il est d'autant plus pénible d'entendre ces paroles, encore intoxiquée des drogues que j'ai consommées toute la nuit. Je me sens minable, exécrable. Il me dévisage sans parler. J'ai déjà aimé cet homme et ma mère savait, dans son acte de secourisme, que lui seul pouvait me convaincre de le suivre. Ma tête crie noooonnnnnnn !!!! Mon cœur sanglote ouiiiiiiiiiiiiiii !!! Mais j'ai la tête très dure et le cœur barricadé. Je lui non et le laisse en plan. Je sors sur le balcon. C'est un gros matin.

Je vois ma souffrance
J'en vois la cause
Mais… je n'arrive pas à y mettre fin… toute seule.

Après une heure de route, on s'arrête pour manger avant d'arriver chez ma mère. J'avoue que je ne mange plus beaucoup et l'appréhension de voir mon petit frère, pour qui je suis devenue un modèle minable, me brûle l'estomac. J'ai pourtant longtemps été fière d'être sa grande sœur, j'ai pris mon rôle très au sérieux dès son arrivée dans ma vie. Du haut de mes cinq ans, je me savais déjà un exemple et ne me permettais pas de bavure à table ou de pleurs enfantins. Sa présence m'inspirait la joie et le dépassement de moi-même. Tout ce que je faisais était dans le but de le faire rire ou de lui faire du bien. Ce soir, j'étais loin d'inspirer qui que ce soit. J'avais une gueule de bois, une tête de morte et un corps de squelette.

Le dernier dix minutes de route, je l'ai transpiré, le cœur battant la chamade. J'étais terrorisée de voir ma famille dans cet état, moche, fanée, vidée de la vie. L'éclat de mes yeux avait disparu, on n'y voyait qu'une brume épaisse, un brouillard de lassitude. Je me cherchais et ne me trouvais plus. J'avais glissé dans l'abyme profond du désarroi.

Je suis entrée, ils m'attendaient. Mon frère s'est aussitôt approché, nous nous sommes étreints. J'avais honte. Ma mère est restée au salon, calme et solide. J'ai marché vers elle comme un enfant qui fait ses premiers pas, titubant jusque dans les bras de sa protectrice. Elle m'accueillit de son amour réconfortant et fidèle.

Ils ont parlé, j'ai entendu. J'ai laissé tomber ma cuirasse, exposée au vent de l'acceptation et de la reconnaissance de mes vertus.

Pendant un mois, ils m'ont guidée avec tendresse. J'ai accepté leur support, nourrie, protégée, disciplinée, et respectée.

Je mettais fin aux causes de ma souffrance.

RALENTIR l'HÉMORRAGIE

Toutes les histoires sont empreintes de vérité et de magie.

Il s'agit d'être présent pour en témoigner

Ne soyons pas à ce point inconscients pour refuser de voir que le destin est à nos pensées ce que la musique est aux notes, un canevas de possibles dessiné dans un moment de lucidité, de créativité. Si je vibre en beauté, la splendeur prend forme à mes pieds.

Pendant plusieurs années, la peur tissa sa fine mais résistante toile dans le tréfonds de mes entrailles, telle une araignée s'infiltrant au centre des cellules et molécules de ma créativité, étouffant mon cœur un peu plus chaque jour, dans un cocon hermétique. Je m'isolai dans un cachot de vermine, convaincue du tangible indiscutable de ce lieu, qui n'existait en fait que dans ma perception de la vie, la mienne, en cet instant précis de souffrance. En périphérie, je me diluais, me fragilisais, me détériorais, jusqu'à me perdre dans des sphères illusoires chimériques et disparaître entièrement. Je cherchais à la dérive une bouée qui n'existait qu'en moi.

Minutieusement, je me suis transformée en une bombe à retardement composée de multiples détonateurs responsables de maladies malignes. Puis un matin, croulant sous le poids de pathologies émotionnelles, je n'en pouvais plus d'être épuisée, d'être essoufflée de pourchasser des chimères. Et... tout explosa. Le spectacle se termina, me laissant dénuée sur la berge d'une rivière qu'il me pesait de traverser seule, sans canot, sans rame ni espoir. J'étais face à mon histoire, exténuée et désillusionnée sur les bienfaits de ce que je croyais libérateur. Face au courant déchainé de la rivière incontournable devant laquelle je pleurnichais, je levai la tête pour apercevoir, sur l'autre rive, la lueur de mes rêves, la faible lumière de mes vérités. Pourquoi avais-je si peur de traverser? Craignais-je d'être emportée par le courant, ou fracassée par les rochers, ou dévorée par les poissons carnivores dont je redoutais les morsures? Non, rien de tout cela ne m'arrêtait. Quelque chose de plus menaçant me paralysait sur cette plage déserte. La peur déstabilisante de mon invalidité à la gaieté, mon handicap à l'écoute, ma résistance à la confiance. J'avais peur de ne pas être à la hauteur du défi, celui d'aller me rencontrer sous le soleil d'une rive accueillante et bienveillante. Et si on ne m'accepte pas, si les gens ne m'aiment pas sur cette rive de la conscience ? Et si je préfère mon ignorance à tout ce savoir indélébile? MAIS je sais qu'il y a de l'autre côté de ce cours d'eau une terre qui me nourrira de ses fruits et une lune qui veillera sur moi éternellement. L'espoir d'être affranchie un jour de l'effroi de la mort et d'être souveraine de ma destinée germe dans le secret de mon intimité. Cette rivière est le passage obligatoire entre une existence étourdie par des stimuli éphémères et la destination finale de l'Absolu. À genoux sur les cailloux, je me prends la tête, soucieuse, angoissée de ne pas avoir d'embarcation, de compagnon, de support pour la traversée. Jusqu'à ce que j'entende le chant intense d'une oie agitée, sur le sable de l'autre rive. Elle appelle ses canetons apeurés au centre de la rivière, battant des pattes et du cœur, dans un combat animé contre le courant. Son cri d'amour ne cesse de les encourager, un cri du ventre, des entrailles d'une mère qui sait la force de ses petits. « Venez, nagez, je suis ici je vous attends! Regardez-moi ! Vous êtes forts et vos pattes sont puissantes, j'ai confiance en vous. Nagez mes chéris! Sans cesse, nagez encore, vous y êtes presque. » Après une traversée périlleuse chargée de doutes incessants, de batailles contre les voix du découragement et de capitulations au désespoir, le premier oison pose la patte sur les abords de l'affranchissement. Sa mère l'accueille aussitôt, le bécote et le couvre de ses ailes consolatrices. Il ferme les yeux, réconforté, à nouveau crédule en le parfait de son existence. Le deuxième, surpris de sa survie, court partout sur la rive criant son exploit, jacassant sa joie. Le troisième, inanimé, est balayé sur la berge par une vague généreuse. Sa petite carcasse inerte roule sur le sable chaud. Il a cédé sous le poids du défi, l'effort était trop grand pour ses possibilités. Après un moment interminable, réanimé par le dévouement et les multiples caresses de sa mère, il retrouve lentement son souffle, les yeux plongés dans l'abnégation de l'amour inconditionnel de sa protectrice. Puis, doucement, la cellule familiale reprend la route dans ce paysage spectaculaire où les petits grandiront, acquérant la force et les connaissances nécessaires pour voyager le monde d'un océan à l'autre.

Le but de tout être vivant réside dans le désir de souffrir de moins en moins. Pour ce, il doit ralentir l'hémorragie interne des blessures suppurantes du passé et diminuer l'appréhension terrifiante du futur. Le rêve pour tous est un état de félicité permanent, maintenu dans les bras de l'impermanence.

S'ouvrir à la possibilité que tout ce qui se passe autour de nous soit une manifestation de nos positions intérieures,

considérer la potentialité d'une nouvelle façon de respirer, d'habiter son corps, d'entrevoir sa relation à ses pensées, envisager un nouveau rapport aux émotions qui nous bousculent sans relâche dans la tornade de la vie,

s'ouvrir aux solutions abondantes trop souvent considérées comme impossibles...

La détresse s'est enracinée dans les entrailles de l'espèce humaine. L'enfant tue pour jouer, la mère se dérobe pour se réinventer, l'homme rampe et mendie le droit de survivre. On déambule dans sa propre existence, la tête lourde de situations incompatibles avec la vision de nos rêves. Le cœur en miettes de cette dureté dont on s'inflige les règles, on se brise, on se casse sur une route étrangère que l'on arpente dans l'espoir de se réveiller bientôt par magie, dans le fantastique d'une nouvelle vie sans entrave. En attendant cette délivrance, on se sauve momentanément d'une réalité qui nous gruge la joie de vivre. On prend des avions, des trains, on consomme des drogues et des relations. Les trêves illusoires sont nombreuses et perfidement rassurantes. On voyage à l'étranger dans le paradis volé de nos frères inconnus. Insouciants, on jouit en cachette, en périphérie des zones de souffrances de ceux que l'on voit périr sur nos écrans, mais dont on ne désire surtout pas connaître l'histoire, se préservant des inconvénients de trop de sensibilité. On s'engourdit l'esprit d'illusions afin de faire taire ce Mental, le maître aliénant de nos pensées incessantes. Puis, à nouveau, épuisés, angoissés, tristes, n'en pouvant plus de toute cette confusion, de cette course folle, on pleure sur la perte d'un soi qui est pourtant juste ici, dans le silence auquel nos agendas n'offrent aucune plage horaire.

Acheter une heure de bonheur pour trente jours de labeur.

Il est devenu insupportable de subir sa vie, de jouer des rôles, de se faire violence. Rien n'est plus anormal, dénaturé et douloureux pour l'humain que de se laisser périr dans l'ignorance, torturé par les incertitudes qu'il se crée lui-même, dans un monde si potentiellement parfait.

Heureusement, en ce XXIe siècle, le voile se lève sur une science balayant du revers de la main des paradigmes désuets, dictateurs de croyances populaires adoptées et absorbées par l'impéritie de l'humain. Une collectivité mondiale remet en question ses doctrines, une à une, ouvrant le possible sur une permutation des concepts appris, acquis et conditionnés. La communauté découvre, sous la lumière d'enseignements millénaires, des informations essentielles à notre libération et à l'évolution de notre potentiel indéfini.

L'humain pressent sa capacité innée au bonheur et sa disposition naturelle d'être libre et accompli en tout temps, en toute mesure. On se souvient dans le sensible de notre inconscient que l'existence est faite de Grâce, de Joie et d'Amour.

Car c'est à travers le corps et ses sens, dans la chair et la matière, que l'on transcendera les peurs enfouies en nos cerveaux, les émotions en notre sang. C'est à travers le corps que nous trouverons la réponse à nos recherches incessantes du bonheur, dans l'utilisation maximale de l'intelligence et dans la fluidité naturelle d'une connexion entre l'organisme et l'esprit. Courage, détermination et lucidité ramèneront l'humain à se centrer sur ce qu'il aspire à redevenir, entier, unifié, libre de toute attente, de tout conditionnement.

Pendant des années, j'ai senti mes cellules et mes organes crier famine pour de la clémence. Aujourd'hui, je sais mon corps pouvoir se guérir de tout ce qui l'a rendu malade : les tensions émotives et psychologiques, les attentes d'amour et d'approbation, les dépendances, la peur d'être rejetée et de rater ma vie, l'humiliation. Aujourd'hui, c'est dans l'intimité de ma respiration que je deviens bienveillante avec celle que j'incarne.

En ce jour, sied en moi la certitude que mon existence est le reflet de ce que je choisis à chaque respiration, à chaque battement de cœur, que je suis l'artiste de cette œuvre qu'est mon dessein. Mais fut un temps où, lorsque j'ouvrais les yeux le matin sur la fresque qu'était ma vie, je grinchais des dents, j'implosais dans les gémissements d'une détresse obscure, soulevée par une colère incontrôlable contre ma propre ignorance. Je me savais pourtant être la seule maître de cette existence que je critiquais et méprisais, feignant ne pas être concernée par la cause d'incessantes catastrophes émotives. Dans le secret du désespoir, je souhaitais le tableau de ma destinée complètement différent. J'aspirais à des couleurs réinventées, à des textures en mouvement superposées, j'étouffais dans ce format et doutais l'authenticité du style, sachant s'y cacher une fourberie. Je dénigrais mon talent à me mettre au monde. *« Mais change-la ta vie ! Prends tes pinceaux et mets-y les teintes qui te plaisent, te rassurent, les courbes qui t'inspirent, les lignes habitées de ta joie, les personnages colorés de ton amour ! Cette toile est ton seul et unique projet qui soit réel en ce monde relatif. »* Ma voix n'a jamais cessé de me soutenir, me bousculant hors de ma *zone de confort*, cet espace séduisant, préambule à la mort du guerrier.

3e noble Vérité

CESSATION des CAUSES de la SOUFFRANCE

PASSER à L'ACTION

Cesser de faire les choses qui nous font souffrir,
faire les choses qui nous rendent heureux.

Après s'être engagé dans l'exercice volontaire de l'observation des causes de nos souffrances : dépendance, colère, attachement, culpabilité... et de les avoir regardées et reconnues, le moment est venu de passer à l'action dans l'exercice de nouvelles approches au sein même des relations et activités quotidiennes. La démarche de libération de ces blocages n'est pas seulement une analyse cérébrale, mais une expérience d'évolution réelle de la souffrance à la sérénité. Cette expérimentation de nouvelles attitudes génère une façon complètement différente de voir les choses et d'approcher les événements, c'est une invitation à une ouverture sur un monde de nouvelles solutions de joie et de sérénité. Le temps est venu de passer à l'action, dans le but de cesser les conditionnements et automatismes destructeurs, causant conflits, drames et maladies, pour les transformer progressivement en comportements conscients et aimants. Il est de notre responsabilité de poser des gestes concrets dans le renoncement aux idées préconçues et dans le de lâcher-prise des émotions figées et toxiques. Ce travail se fait dans l'intimité de sa propre observation, mais aussi à travers les autres avec qui nous pratiquerons la générosité, la patience et l'écoute. Ces pratiques libèrent les tensions et ouvrent la route vers l'état d'équanimité recherché.

Choisir de se rétablir en cessant de répéter actions et comportements nocifs de crainte de créer un malaise autour de soi, choisir d'ouvrir les yeux bien grands, sur la réalité de ses attitudes, peut sembler terrorisant, mais l'on ne peut changer nos habitudes qu'en redéfinissant notre façon d'agir en ce monde.

La démarche de guérison est d'autant plus transformatrice si elle se fait dans la douceur et la compassion. Lorsque vous êtes malade, si quelqu'un vient vous porter secours et qu'il est distant, dur et brusque, vous serez résistant à ses soins. Se soigner, c'est être bienveillant, prendre le temps, être patient et tolérant avec soi. Il y aura des chutes et des rechutes, mais pour toutes les blessures et toutes les souffrances, toutes les dépendances et toutes les réactions émotives explosives, il y aura une rémission possible. Doucement, un moment à la fois, une observation à la fois, car c'est dans la bonté que l'on chemine, et non dans la violence.

Cette période marque le début d'une constante vigilance.

Ceci est une étape charnière sur une quête de mieux-être, le moment de passer à l'action dans la confiance d'éliminer des habitudes qui ne nous servent plus.

MÉDITER

La méditation, par la respiration et l'ancrage au corps, réduit les tensions physiques et émotives, ce qui diminue les réactions inconscientes de vieux automatismes toxiques.

180 DEGRÉS

Les changements de vie ne s'annoncent pas tous de la même manière, car il y a plusieurs façons de chercher les causes de ses tourments et déséquilibres. Il n'est certainement pas nécessaire pour chacun de tout larguer pour se retrouver. Car c'est aussi dans la constance et l'observation des souffrances que se pratiquent la détermination et la volonté. Mais il est parfois un acte de courage et de reconnaissance envers soi, de faire demi-tour et de rechoisir sa direction. Ce fut mon cas.

AUTODIDAXIE, définition : exigeant une passion pour son sujet d'étude, une motivation provenant de l'intérieur plutôt que d'une obligation extérieure. Connue comme un apprentissage par la pratique d'une façon plus ou moins éloignée des structures et institutions enseignantes et formatives. La curiosité oblige et une innovation en son propre genre de créativité. Le grand défi : l'auto-motivation.

Autodidacte en entreprenariat et autres domaines, j'ai dû faire ma place à coup de détermination et d'audace suivant mon instinct, soutenue par l'analyse des bénéfices et exigences que les situations présentaient. J'œuvrai comme entrepreneure et artiste, me réalisant personnellement et professionnellement dans des univers variés, mais tous reliés à cette même ligne maîtresse : le désir de toucher l'autre en sa conscience pour y créer une brèche franche et durable. De la mise en scène à la peinture, de l'édition à la psychologie, de la réalisation à la méditation, j'ai tenté tout au long de ces expériences de rester à l'écoute des possibilités autant logistiques que synergiques, m'appliquant à les entendre et à leur répondre. Lorsque j'ai fait la sourde oreille à cette partie de moi qui me soufflait la réponse, je me suis retrouvée en des états d'esprit appesantis, confuse et fragilisée. J'ai pris alors des décisions inappropriées menant à des résultats désastreux.

Après plusieurs années d'erreurs et de réussites, ma vie devint le paradis dont j'avais toujours rêvé. TOUT y était. Abondance et amour plus extra. Maison spacieuse, immense terrain au cœur de la nature, voitures, motos, atelier d'art, forêt, chien, sauna, piscine, cave à vin, rires et machine espresso. J'ai reçu les clés d'un havre de paix et d'une nouvelle vie le jour de l'anniversaire de mon défunt père, c'était pour moi le signe que ce lieu allait me rendre heureuse et m'accompagner sur la voie de l'affranchissement. Ce fut le cas, au quotidien, les marches dans la forêt avec notre chien, les arbres qui me faisaient pleurer par leurs messages et murmures d'amour, la terre fertile de ses fleurs, fruits et arbres de toutes espèces. Un jardin d'Éden. Le privilège de nager tous les jours, avec un homme d'exception, sous la voûte de vignes fécondes, entourée de fleurs jacasseuses, le loisir de me chauffer près du foyer de pierres, d'écrire dans le silence de la montagne complice de plusieurs lignes et métaphores. J'étais entourée du bleu du ciel et du vert de la nature, sans rideaux pour nous séparer.

En ce temps, entre la gestion, l'administration et l'art, je dansais. Puisque toutes les histoires sont empreintes d'impromptus, je fus promue du jour au lendemain comme gestionnaire avec compte de dépenses, congés, heures flexibles et possibilités de monter toujours plus haut dans l'alpinisme hiérarchique des sommets de l'entreprise. Ceci obligeant une disponibilité continue sur cellulaire 24/24, rendant impossible toute forme de planification personnelle. Beaucoup de privilèges, en échange d'un dévouement sans faille. Mais puisque tout est mouvement dans cet univers, rien ne stagne ni ne dure, des astres du cosmos jusqu'à la pierre stoïque depuis des millénaires, rien, du visible ou de l'invisible, n'est inerte.

Dans cet horaire surchargé, je me sentis de plus en plus tendue et préoccupée. Les rencontres de gestion me laissaient tiède et désillusionnée. Les chiffres d'affaires demeurant en hausse me valaient bonus et liberté, mais seuls les échanges personnels et créatifs me nourrissaient, ces rencontres authentiques et respectueuses, malgré leur environnement de compromis et de contraintes, prolongèrent ma présence au sein de la compagnie et participèrent grandement à la démarche personnelle et spirituelle entreprise depuis quelques années. Mais mon mal d'être persistait de semaine en semaine. Rien de plus puissant qu'un malaise reconnu. Il est rarement limité à une seule sphère et risque d'être l'expression d'une vérité cherchant à faire surface. En ces cas, la possibilité d'un effet domino n'est pas à négliger. Je fus à la fois l'observatrice et la protagoniste du déplacement des plaques tectoniques de ma terre organique. Déplacement moléculaire et intégral qui dura plus d'un an. S'en suivirent les manifestations concordantes dans le monde relatif et physique. Premiers ras de marée : séparation, déménagement. Qui n'a pas eu le vertige un matin, au bord du précipice familial, surpris par le besoin d'aller voir ailleurs si l'air était moins lourd, emparé par l'envie de quitter ses avoirs et d'aller dorloter l'être fragile, perdu et épuisé que l'on est devenu. Le vertige d'être étranger à soi-même est intolérable, ne plus comprendre son destin, savoir que sa tête a quitté le port et que son cœur est déboussolé. Que faire ? Où aller ? Se réveiller l'esprit en chamaille, le corps qui brûle sous des tensions devenues habitudes. J'avais envie de téléphoner à quelqu'un et d'écouter ses problèmes, pour m'assouvir des miens.

Nous avions pourtant été heureux, mais le bonheur peut faire peur… nous étions deux, occupés à performer. L'appât du gain devint plus important que les moments passés ensemble à s'amuser aux tâches du cœur et de la maison. Tout devint calculé, comptabilisé, stérilisé. Le début de la fin du Nirvana qui nous avait été offert. L'ignorance gagna la partie et nous dûmes vendre le paradis. Mais il est impossible de monnayer un oasis, car il n'a de sens que pour soi. Adieu, terre promise, en espérant me trouver, et apprendre à aimer, pour un jour, revivre dans un lieu où la nature et l'amour sont maîtres.

J'entrai alors dans une SADHANA qui dura trois ans. Un espace temps dans lequel j'allais me dédier quotidiennement à la cessation de la cause de mes souffrances.

Une pratique soutenue de nouvelles habitudes de vie, où chaque jour est le récipient d'approfondissements de la conscience. Dans la régularité d'une autodiscipline bienfaisante, le travail est à cultiver la présence à soi et la diminution des éclaboussures de l'égo. Je me recueillis discrètement dans les bras de la méditation, guérissant mon corps par la puissance du yoga, et mon esprit d'élève dans les lectures de maîtres. Mes matins s'ouvraient doucement sur la noirceur, vers 4 h. Après une eau citronnée et quelques suppléments d'huiles ou de teinture mère, je m'assoyais sur mon coussin pour me régaler d'exercices de respiration et d'une méditation d'environ une heure, puis s'ensuivaient les chants de guérisons qui me laissaient dans une gratitude permutante à laquelle mon corps répondait avec enthousiasme dans la pratique d'un yoga toujours nouveau et énergisant. Un thé, un déjeuner, lecture et études, puis l'enseignement de la méditation. Ce fut un célibat parsemé de quelques nobles rencontres, généreuses et discrètes.

Ce trois ans, qui se voulait calme et en retrait, fut des plus déstabilisant et enracinant à la fois.

D'abord, j'explorai la méditation zen. Il me fallut aller plonger dans cet espace où les réponses d'un mieux-être résidaient. Ce fut une révélation. Le zen est la rencontre de la discipline et de la poésie. Je me dédiai à cette méditation exigeante propagée par Taisen Deshimaru, maître bouddhiste zen japonais dont l'enseignement pointe sur la pratique dans l'ici et maintenant.

Puis je partis en Inde, avec comme seul compagnon mon sac à dos débordant d'objets et de commodités de base, une aventure qui dura deux mois. À 48 ans, j'allais au bout de moi-même, encore une fois. Parce que le bout n'est jamais le même, il est en mouvement tout comme la plante, le nuage, la rivière. Partir pour mieux revenir à moi-même, m'exposer à un environnement où le seul point de repère serait ma stabilité intérieure. Le fameux adage *« Il a fallu que je parte pour me retrouver »* a pris tout son sens dès mon arrivée en ce pays majestueusement chaotique où tout respire le souffle du sacré. Je rencontrai un maître, Chandra Swami Udasin, qui allait devenir la deuxième pierre angulaire de ma quête vers l'équanimité. En ce voyage, je pleurai l'étrange impression d'être revenue à la maison, de toucher celle que j'étais devenue, d'ouvrir les bras à celle en devenir que j'écoutais me guider. La première pierre angulaire de ma démarche avait été la rencontre déterminante d'Arnaud Desjardins, maître contemporain français qui sut présenter la philosophie bouddhiste et ses inestimables fondements et vérités de manière imagée et pragmatique à la fois, cherchant constamment la façon la plus efficace de nous parler de l'acceptation, de l'impermanence, de la bienveillance et de la vigilance, explorant les manières de soulever en nous la pierre obstruant la voie du Chemin. Homme d'humilité, il expliqua un jour le privilège qu'avaient les grands écorchés, sur la voie de la libération, de par leur intensité et leur connaissance de la souffrance. Ce fut pour moi une révélation, un tournant déterminant au cœur de ma démarche.

Puis quelques mois après mon retour au pays, dans le verger d'une petite île urbaine, je visitai la mort et ses splendeurs. Voyage initiatique combien éloquent.

À peine remise de cette bouleversante aventure, tout juste revenue à la vie, je reçois un appel de la docteure qui m'accompagne depuis dix ans dans ma santé incontestée. Sur le point de sortir faire quelques courses, vêtue de gants et de lunettes fumées, je réponds à l'appel d'une voix faible. Après quelques bonjours et questions sur mon état général, la docteure essaie tant bien que mal de me livrer un message qu'elle sait affligeant. Elle m'annonce sur un seul souffle que je suis atteinte d'une maladie dégénérative pour laquelle il n'y a aucune médication probante ou en étude. J'accuse le coup, murmure un remerciement et un au revoir. Debout dans un espace que je ne vois plus, essayant tant bien que mal d'amoindrir ma chute émotive, j'éclate en des sanglots que je cache dans mes mains, sachant Camille au deuxième étage. Je m'abandonne à mes pleurs, à ma désespérance. Pleurer est ma seule réponse à cette révélation, ce fait accompli, ce diagnostique dictateur du cours de ma vie. J'hurle en silence un sanglot sans fin, un chagrin qui résonne jusqu'aux racines de mes fondations. Je veux pleurer sans m'arrêter, jamais. Après un moment dont j'ignore la durée, j'entends les pas de Camille glisser dans l'escalier. Elle a identifié quelques bribes de la conversation téléphonique. Elle s'approche, mes lunettes fumées ne sont pas assez noires pour camoufler l'ampleur de mon désespoir. Elle me laisse pleurer tranquille et confirme ce qu'elle sait être la nouvelle qui me déstabilise. Elle retire délicatement mes lunettes et me prend dans ses bras apaisants, je m'y dépose sans plus de retenue. Ce sont mes bras qui l'ont accueillie pendant vingt quatre ans, et j'apprivoise depuis les derniers événements le réconfort de sa maturité et de son exceptionnelle compassion. Le cri intérieur se calme et ma respiration se stabilise, puis soudainement je me redresse d'un coup, quelque chose monte en moi, un goût de colère, une révolte, un élan de survie, une insurrection organique sans retenue ni pudeur. Les larmes font place au feu. Mon regard est fusil, mon discours mitraille. Mon corps se braque contre l'ennemi, je suis géante, je suis terreur et je crie !

FUCK YOU la vie ! JE SUIS PAS REVENUE POUR ÊTRE MALADE ! VA TE FAIRE FOUTRE ! TA MALADIE JE LA REFUSE !!! JE LA REFUSE TU M'ENTENDS ! TU PEUX REPARTIR AVEC ! JE SUIS PAS REVENUE EN VIE POUR ÊTRE MALADE !!! JE VAIS VIVRE EN SANTÉ ! T'AS FINI DE M'EMMERDER. FUCK YOU !! TU VEUX QUOI ?? QUE JE LA CHANGE MA VIE, WATCH ME !!!

En 12 heures, j'avais décidé d'un programme complet de remise en santé globale. Par tous les moyens, j'allais donner à mon corps ce dont il avait prestement besoin pour guérir.

Quelques semaines plus tard, je partis pour les États-Unis y prendre une formation intensive de yoga et fus certifiée professeure deux mois plus tard. Je fis le voyage en moto, vers ma destinée. Un voyage idéal, pour ses montagnes, courbes et vallées. Chargée de camisoles, de leggings et de détermination, je fonçai sans retenue vers une santé avec qui j'avais un rendez-vous déterminant. Sous un orage qui dura trois jours, je me rendis à destination, en aquaplanage, devinant la route à travers une visière embuée et dégoulinante, le corps transis, les genoux humides, les mains glacées. Pour ajouter à l'aventure ou aux expériences que m'offrait ma sadhana, un tique me rendit visite et se logea dans mon genou le temps d'une nuit. Aux petites heures du matin, sentant un pincement sous ma peau, j'aperçus sous la lampe cette petite bestiole cherchant un lieu chaud et confortable dans ma chair. Je la retirai aussitôt et allai rencontrer, la journée même, un charmant docteur américain. Après médication et bons conseils, je revins saine et sauve et repris mes huit heures de yoga par jour.

À mon retour à la maison, malgré les bienfaits du yoga et de la méditation, j'étais à la recherche de quelque chose de plus grand, relié à ma philosophie de vie grandement influencée par le bouddhisme. Je désirais travailler dans un univers où je pourrais mettre à profit mes expériences d'accompagnatrice en fin de vie, de thérapeute en toxicomanie, de coach de vie. Je fis des recherches et découvris, par l'intermédiaire de gens de confiance, le *Mindfulness* (Réduction du Stress par la Pleine Conscience). C'était une voie toute à ma mesure, avec le mariage de ses fondements bouddhistes et scientifiques. Je m'engageai dès lors sur le parcours d'une formation exhaustive à travers laquelle je vécus d'autres révélations et mouvements tectoniques. Je fus certifiée et qualifiée pour enseigner, à travers le monde, cette approche exceptionnelle de mieux-être à toute personne désireuse de réduire ses malaises et de se reconnecter à ce qu'elle porte en elle de juste et de bon.

À la fin de cette sadhana personnelle, j'avais un diplôme en psychologie, une qualification d'enseignante de *Mindfulness,* une certification de professeur de yoga, le genou droit intolérant aux intempéries et à l'endurance, et une maladie dégénérative en voie de disparition.

Dans le silence, je compris que le monde était un infini de possibles, cachés au cœur de mes imperfections.

Avant et après tous ces événements,
il y eut la vie.

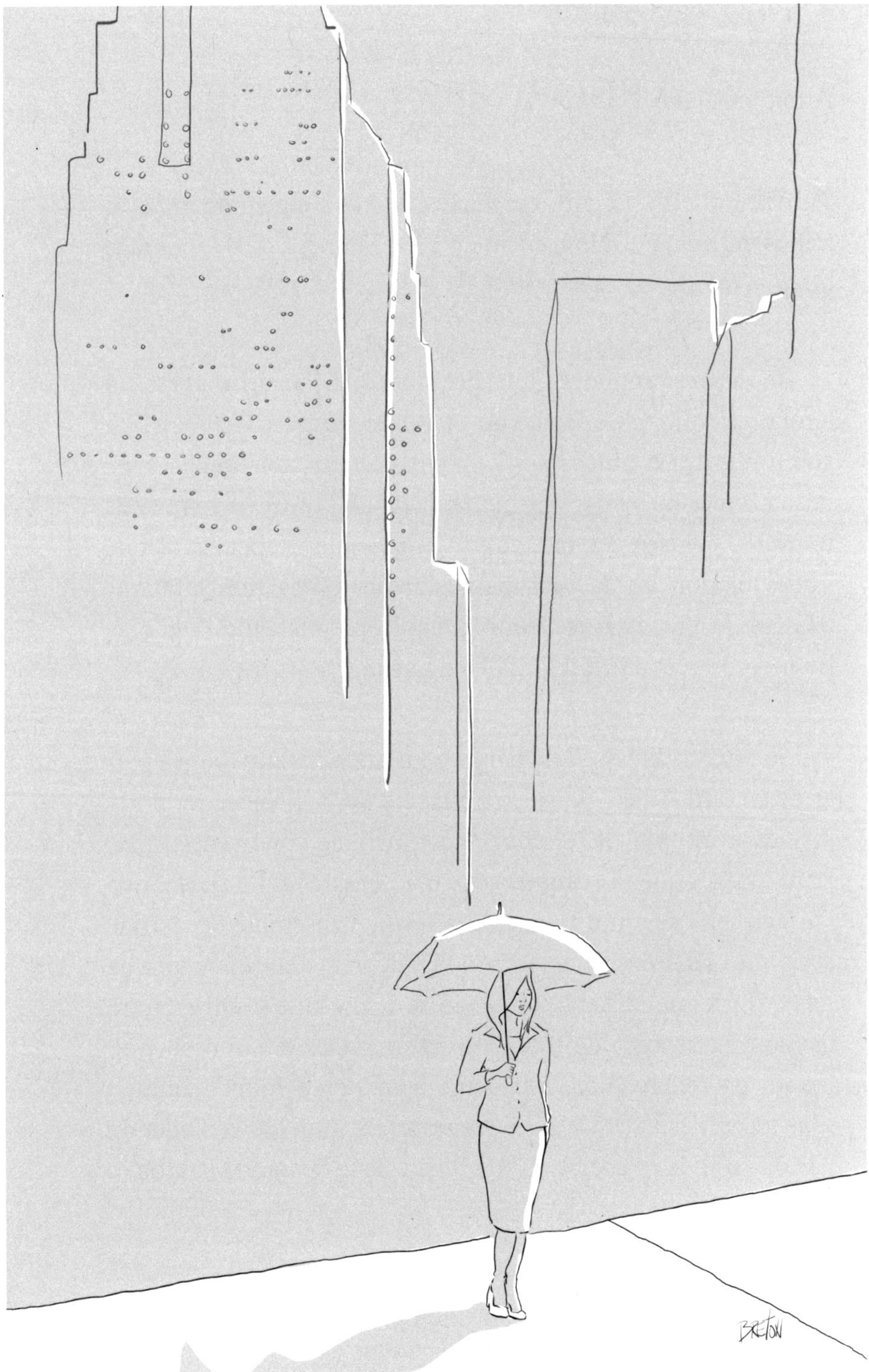

À toi, précieuse PEUR

J'ambitionne de t'écrire ces lignes depuis longtemps, mais le temps me manque. Non, en fait, je serai honnête, c'est le courage qui m'a fait défaut et la crainte de te regretter.

Je désire t'annoncer une décision que j'ai prise après un temps interminable de réflexion et d'introspection. Cent fois, j'ai voulu t'écrire ces mots, mais l'anticipation des conséquences me faisait brûler mes missives, me rappelant à l'ordre, je retrouvais notre lit, épuisée d'avoir tenter l'impossible. Rappelle-toi que notre relation est la plus puissante de toutes mes relations passées, je t'ai dans la peau depuis le premier jour. Tes bras furent mon réconfort, tes mots ma raison.

Je veux te dire qu'il est temps pour nous de faire route à part et de se dire Adieu. Je suis consciente de la richesse de notre précieuse intimité et de notre incomparable connivence, mais j'ose espérer que tu comprendras ma démarche. Le travail que j'ai entrepris sur moi m'amène à revoir l'ensemble de ma vie et de mes relations. Il est impératif que je me choisisse afin de mettre fin à une existence qui ne cesse de me faire souffrir. Notre passion fut remplie de moments mémorables et j'ai beaucoup grandi en ta présence. J'ai peine à imaginer mon quotidien sans toi, et j'espère que tu sauras respecter mon choix d'aller de l'avant, afin de m'épanouir librement. Je te demande pardon.

Je souhaite que tu acceptes cette décision et ne m'en tiennes pas rigueur.

Bonne route et n'aie aucun doute, tu trouveras un nouvel amour très rapidement. Ta passion et l'intensité de ta présence te rendent incontournable.

Au revoir, ou plutôt Adieu, précieuse Peur

Moi, en devenir x

les GENS s'éteignent les VIEILLARDS obéissent

Avez-vous remarqué que les voitures sont de même couleur : grise. Bien sûr, on trouve de temps à autre une voiture noire, blanche, ou rouge, mais une convention invite à la modération, à une discrétion sous la fausse protection de la conformité.

Les couleurs des rues s'estompent, les joies se retirent des portraits, les chants se diluent au fond des gorges serrées. On s'éteint derrière nos écrans dans cette sédentarité de l'esprit, cristallisé par la peur de l'inconnu devenu le normal conformisé. La sagesse au rancart, les vieillards aux abattoirs.

Depuis six mois, mon frère et moi déménageons ma mère d'une résidence à une autre, d'un hôpital à un CHSLD, puis d'un étage à l'autre au sein de ces nombreux établissements. Pourquoi ? Non pas parce que nous sommes exigeants ou intolérants ou parce que notre mère est difficile à loger, la réponse est plus complexe. C'est un problème de culture. Notre culture n'a pas dessiné de système fluide et ouvert pour y inclure nos parents, ceux qui nous ont mis au monde, nous ont nourris, lavés, soignés et ont payé pour notre éducation, les mêmes qui nous ont accueillis lorsqu'on était fauchés et qui sont morts d'inquiétude quand on se défonçait et qui ont fait le taxi en attendant qu'on puisse conduire. Je ne vous apprends rien. Je me permets seulement, pour exposer le malaise, de vous faire un portrait à peine grossier, d'un point de vue de dirigeant de cette culture dénaturée. Un petit monologue pour acteur en mal de parodie.

« Trop demandant cette vieillesse, et combien coûteuse de notre précieux temps. Des soins interminables menant à rien. Notre argent personnel et collectif dépensé inutilement pour le futur inexistant d'aînés, de toute façon séniles. La logique s'impose. En ces temps difficiles de récession économique mondiale, il est impératif de ramener l'esprit vers un pragmatisme salutaire de modération. La lucidité s'impose sur l'émotivité ! Soyons réalistes, les chiffres ont été analysés par de sérieux administrateurs, appuyés par des économistes encore plus sérieux. Les résultats sont clairs, nets et précis, le retour d'investissement sur la personne âgée est inexistant, tant sur le plan financier que collectif. Il n'y a que pertes et déficits sur une période de plus en plus longue, considérant que malheureusement l'espérance de vie ne cesse d'augmenter !!! »

Statistique Canada nous résume la situation : « *L'espérance de vie est une mesure de quantité plutôt que de qualité de vie. D'ici à 2031, il est prévu que l'espérance de vie moyenne au Canada aura augmenté pour atteindre 81,9 ans chez les hommes et 86,0 ans chez les femmes. Les personnes dont le revenu est faible... ont tendance à avoir une plus courte espérance de vie. Le fait que l'espérance de vie augmente ne signifie toutefois pas que toutes les années seront forcément vécues en bonne santé.* » - Rapport, Gens en santé, milieux sains, 11 janvier 2010

Que dire, que faire, devant notre triste ignorance collective ?

Mon sarcasme criant d'injustice est à peine audible parmi les discours mâchouillés de présidents bourrus, amis de diplomates blasés.

Sous les pièces d'or, sonnant les cloches du pouvoir, nous déambulons, soucieux des petits maux de nos gros nombrils secs, pendant que nos pères et mères dépérissent, à genoux dans les cailloux de la montagne du pouvoir.

DONNEZ-moi le DROIT d'ÊTRE moi

Espérer que les autres nous octroient le droit d'être nous-mêmes est aussi naïf que d'espérer obtenir un cadeau en écrivant au Père-Noël.

Être libre en son authenticité ne requiert aucune permission, ni de ses parents, ni de son partenaire de vie, ni de son employeur ou de ses enfants. Ce droit est acquis pour tout être humain et cette recherche est de l'ordre de la confiance en soi.

Pourquoi ai-je besoin d'attendre que quelqu'un d'autre me donne le feu vert sur ma propre légitimité.

Nous nous étions rencontrés un soir de scotch et de double orgasme. Rapidement, nous avons bâti un nid douillet, lieu de découvertes personnelles et de défis amoureux, fondé sur la richesse d'une intimité dans la fascination des corps et des plaisirs. Une relation amoureuse exceptionnelle de par la profondeur de notre communion spirituelle. Chaque moment passé ensemble m'était cher et inestimable.

Jusqu'au jour où je changeai de parcours, professionnel et personnel. Mon regard sur la vie changea graduellement et les soirées devant la télé se transformèrent en lecture devant le foyer, en marches en forêt, en pratique de méditation et de yoga. Je redécouvrais doucement la vie et tout ce qu'elle avait à me proposer. Je me détachais lentement de mes points de repères habituels, nourriture nocive, conversations futiles, sédentarité, et me remis à peindre, à jouer dehors, à regarder la neige tomber. Malgré que mon amour pour l'homme avec qui j'avais choisi de vieillir demeurait intact, les changements viscéraux qui s'opéraient en moi créèrent une distance que je ne parvenais pas à comprendre, et sa crainte d'une fluctuation de mon compte en banque le rendit inquiet et distant, bousculant les valeurs de notre rapport.

J'avançais péniblement, critiquant la résistance et la non-participation de mon partenaire aux nouvelles possibilités et façons de se retrouver. Je m'empêchais de vivre dans la joie les précieux moments de ma mutation, dépendante de l'encouragement de mon amoureux, désireuse de son acquiescement et de sa participation à mes nouvelles activités. J'avais besoin de la présence de celui que j'aimais, de son support dans cette démarche de rencontre avec moi-même. J'ai attendu en vain qu'il m'accompagne en ma pratique quotidienne spirituelle, l'espérant à mes côtés pour jouir davantage des beautés de la voie sur laquelle je m'aventurais, pressentant les changements et guérisons bénéfiques à l'horizon. Je souhaitais profondément son implication, une forme d'endossement.

J'ai attendu l'approbation, j'ai espéré l'encouragement, l'accompagnement d'aller danser, de découvrir, de se réinventer, de rencontrer de nouvelles gens, de partager les mots de nos philosophies.

Après une séparation déchirante, parce que l'amour n'était pas mort, j'ai réalisé que j'emprisonnais mon bel amour, dans mes attentes et mes insécurités. Je l'imputais de mes nouveaux besoins. Pourquoi ne pas avoir joui, tout près de lui, de toutes ces activités dans un environnement exceptionnel. Il me m'empêchait rien. J'étais ma plus grande barrière à l'épanouissement et au droit d'être moi-même. Je m'étais laissé prendre par les attentes et les anticipations. J'étais noyée dans les jugements. Mon ignorance fut reine au foyer et me plongea dans la peur et l'insécurité. Personne ne pouvait me donner ce droit de m'émanciper et de me réinventer. Nous sommes les seuls qui puissions nous remettre au monde.

J'ai demandé au Père-Noël un certificat d'authenticité, et il me répondit sans tarder qu'il m'enverrait avec plaisir ledit certificat après la réception de mon égo.

DISSOLUTION de l'ÉGO

Dans le couloir menant à la liberté, chaque pas laisse derrière soi peaux mortes et parcelles d'identité, souillées d'attachements, d'attentes et de peurs déguisées en traits de personnalité.

L'effritement de l'égo est un passage obligatoire dans les coulisses de la sagesse. Cette dissolution passe par le gage de la servitude. Être au service de ce qui est, au service de ce qui se présente à soi, agréable ou désagréable, au service de l'autre, de la vie, de la communauté humaine. La servitude est sœur de l'humilité, elle nous prédispose au don de soi, à l'échange à l'autre sans objectif ni agenda, dans l'ouverture du cœur. Le souci d'être reconnu ou récompensé pour les actions posées n'existe plus. La servitude est une pierre angulaire de la liberté, une forme d'abandon de l'identité externe, brisant l'illusion du pouvoir d'œuvrer sur l'autre, de le dominer sournoisement, de le posséder au nom de l'amour, de le violenter au nom de la passion. L'autre n'est pas un bien, il est lui aussi une manifestation de la Conscience, de la Vie, du Savoir, il n'est pas une extension de nous-même.

EGO Représentation que nous avons de nous-même, biaisée par des besoins inassouvis et des peurs inhibées. Obstacle de taille à la tranquillité inhérente en soi.

De violents coups de pied dans ma porte. C'est mon égo. Il veut absolument participer à la conversation que je suis en train d'avoir avec une consœur de travail. Il crie qu'il aimerait faire un commentaire très important et surtout nécessaire à une meilleure communication. Confiante que son intervention peut améliorer la situation, je le laisse entrer. Il s'engage aussitôt dans une démonstration animée de la logique et des fondements de son point de vue, ayant davantage en tête d'avoir raison que de collaborer à l'élaboration d'une solution commune, négligeant la fragilité apparente de mon interlocutrice.

L'*authenticité* dans l'*ouverture* et la *joie*. Trois mots menaçants pour l'égo.

Tout est le reflet d'une intention, le miroir d'une émotion

les 4 **INCOMMENSURABLES**

bienveillance
compassion
joie
équanimité

« Tu aimeras ton prochain comme toi-même. Il n'y a pas de commandement plus grand que ceux-là. » dit Jésus

« Mettez-vous à la place des autres. Si vous y arrivez, vous ne serez plus capable de faire du mal à autrui. » dit Bouddha

Les 4 incommensurables... incontournables

La bienveillance, la compassion, la joie et l'équanimité sont les positions intérieures maîtresses à la base de toute forme de démarche personnelle. Elles ouvrent la conscience sur la profonde beauté et le potentiel inimaginable des êtres qui s'appliquent à s'y recueillir. Leurs valeurs illimitées voyagent dans le temps, et la puissance de leur effet est sans frontière. Ces intentions maîtresses modifient toute situation noueuse vers laquelle elles sont dirigées, car la pureté de leur vibration affaiblit l'ignorance et effrite l'individualité du petit moi, du grand égo. Dans le bouddhisme, ces 4 pratiques méditatives ouvrent sur l'infini et l'invisible, elles affaiblissent l'impression de dualité et nous relient les uns aux autres dans l'immensité du grand TOUT.

Ces honorables sentiments transformèrent ma vision du monde de façon pénétrante et irréversible. Ils sont la base de toute relation sereine, intime et collective, la réponse à une existence prodigieusement équanime. Je suis, encore à ce jour, ébahie par les bienfaits de ces états d'esprit. Pratiquer de façon consciente ces attitudes change radicalement ma relation à moi-même et me permet de voir les autres avec détachement et tendresse. Durant mes années de direction dans le milieu corporatif, ma compassion fut mise plus d'une fois à l'épreuve. Il m'était très difficile de pratiquer ce sentiment avec une personne soulevant sa colère contre moi. Et que dire de l'équanimité lorsque je rencontrais plusieurs individus par jour, aux prises avec leurs problématiques uniques, exigeant que je trouve pour eux, une solution rapide et efficace afin d'apaiser leurs tensions et émotions incontrôlables. Les milieux de travail servent trop souvent d'arènes au centre desquels s'exhibent confrontations et combats de personnalité. On y gagne malheureusement en égo, ou on y perd dangereusement l'estime de soi. Il ne m'était pas possible, sans une pratique soutenue, de naviguer à travers les pressions, les malaises et maladies de toutes ces braves gens aussi démunis que moi. C'est donc durant ces années que j'approfondis véritablement mon engagement dans une pratique personnelle soutenue, incluant rencontres d'enseignants passés maîtres dans l'art de vivre sereinement, qui m'apprirent ce que j'ignorais.

Il est épuisant de vivre dans la résistance et la colère, exténuant de juger et de condamner. Rappelons-nous que nous sommes le miroir les uns des autres, alors la critique et la non-acceptation d'un trait de personnalité chez quelqu'un reflète une intolérance face à nos propres limites personnelles. Si je refuse mes travers et imperfections, je refuserai ceux des autres. Si j'accepte mes déficiences et carences, j'accepterai celles des autres car nous savons être tous de la même source. Tant et aussi longtemps que nous n'accepterons pas le fait que nous sommes des êtres en travail, il sera impossible d'accepter l'imperfection chez nos pairs. La pratique de la bienveillance et de la compassion a le pouvoir de changer notre regard et notre disposition face aux autres, faisant tomber les murs du jugement et de la critique. Ce mouvement mène à une liberté d'être authentique et vulnérable, ce qui ouvre sur un monde de joie et de grand bien-être. Ces quatre sentiments sont d'abord tournés vers nous-mêmes : être bienveillant envers soi, se regarder avec compassion, se réjouir d'être ce que l'on est.

La bienveillance et l'amour dénouent notre résistance à la vulnérabilité, la compassion nous berce dans les bras de l'acceptation, et la joie nous libère de la peur d'être fébrile. De ces quatre sentiments émerge l'équanimité.

Un homme fort est un homme libre dans sa vulnérabilité.

Une femme forte est une femme en harmonie avec
sa vulnérabilité.

BIENVEILLANCE / AMOUR

Le souhait que tous les êtres trouvent le bonheur et les causes du bonheur *

L'amour inconditionnel et sans attachement envers les autres et pour soi-même. Un amour qui ne demande rien et qui ne juge pas. Une bienveillance, dans l'ouverture à la vérité de l'autre et de ses limites.

La haine ne mettra jamais fin à la haine; seul l'amour peut la guérir. C'est là l'ancienne et éternelle loi. - Bouddha

COMPASSION

Le souhait que tous les êtres soient libérés de la souffrance et des causes de la souffrance.

Un regard de tendresse sur nos limites et une compréhension de la souffrance d'autrui. En nous mettant à la place des autres, il devient plus facile de les comprendre et de leur venir en aide de façon sereine. C'est une réalisation que nous sommes tous pareils : souffrants et désireux d'être heureux.

Le Bouddha nous rappelle que *« Tout comme je n'aime pas la souffrance, les autres non plus ne l'aiment pas. »*

JOIE

Le souhait que tous les êtres trouvent la joie exempte de souffrance.

La joie d'être vivant. L'art de se réjouir de choses toutes simples et d'événements anodins. C'est aussi une réjouissance du bonheur et du succès d'autrui, libérant l'esprit de tout mouvement d'envie et de jalousie. Une joie altruiste qui célèbre les aptitudes et le potentiel de l'autre, tel le parent heureux du bien-être de son enfant.

« La base de ces qualités infinies sera toujours l'équanimité car elle mène à la fois à avoir moins d'attachement pour les uns et moins d'aversion pour les autres et nous permet de voir que tous les êtres aspirent au bonheur et non à la souffrance, de voir que tous les êtres sont également bienveillants. » - Dagpo Rinpotché

ÉQUANIMITÉ

Le souhait que les êtres demeurent dans la grande équanimité libre de partialité.

C'est une impartialité face à toutes situations, un détachement dans la quiétude, créant un état de paix en toute circonstance, soit-elle agréable ou pénible. Cet état d'esprit demande un engagement dans le renoncement volontaire et graduel des pensées possessives et des émotions dualistes, toutes deux produites par le refus de ce qui est.

L'acceptation de l'impermanence mène à une impassibilité sereine et à une facilité à mieux vivre dans la réalité de l'instant présent. Cette impartialité permet de traiter tous les êtres de manière égale, sans aversion, ni attachement. L'équanimité invite à ne plus insister pour s'approcher de ce que l'on aime ou s'éloigner de ce que l'on déteste. J'aime quelqu'un un jour et le déteste la semaine suivante. Soutenu par la bienveillance et la compassion, l'amour est sous-jacent à l'équanimité.

Jésus

« Ne devez rien à personne, si ce n'est de vous aimer les uns les autres, car celui qui aime les autres a accompli la loi. » - Romains 13 :8

Bouddha

« Que nul, par colère ou par haine, ne souhaite du mal à un autre. »

* (phrase accompagnant la méditation)

Je M'IMAGINE... une FRATRIE

Qui me juge ne me connaît pas

Si aujourd'hui, je m'imaginais les personnes que je croise dans la rue être mes frères et sœurs biologiques. Si je les imaginais être de mon sang, je tuerais la mesquinerie, la méchanceté et la barbarie.

Je m'imagine que ces citoyens, ces étrangers, sont les précieux membres de ma famille, que je les aime depuis qu'ils sont tout petits, et que je comprends leurs détresses et leurs faiblesses. Je m'imagine que j'apprécie leurs beautés et leurs forces, comme si je savais leurs qualités cachées sous des souffrances dont j'aurais été témoin. Si je regardais ces personnes anonymes avec la bienveillance et la compassion de l'œil d'une sœur, je les aimerais dans leurs maladresses, comme je souhaiterais qu'ils m'aiment lorsque mes propres comportements ne sont plus le reflet de moi-même.

Sous le regard méprisant d'autrui, on s'enfonce davantage dans la haine, là où l'autodestruction et la honte ont organisé un bal masqué.

Si ces gens muets étaient nos frères et sœurs, nous leur tendrions la main

Si ces gens sans visage étaient de nos amis, nous leur donnerions espoir

Si nous étions pris dans le feu de l'enfer, ils nous tendraient la main à leur tour,

comme un frère, comme une sœur.

BRETON

4e noble Vérité

CHEMIN OCTUPLE des huit nobles pratiques

mène à la LIBÉRATION, à la CESSATION de la SOUFFRANCE

PRATIQUER

Le chemin de la vie peut être aussi menaçant qu'un parcours en forêt dans lequel on s'aventure sans boussole. On essaie de remarquer quelques arbres particuliers et certaines irrégularités autour de nous. Puis à l'heure du retour, on s'engage confiant, ayant en tête le souvenir de roches imposantes ou de buissons à contourner, mais plus on avance, moins on se reconnaît, plus on se perd, moins on se souvient. La nervosité nous fait perdre tous nos précieux points d'ancrage : calme, concentration et mémoire.

Ayant un sens de l'orientation limité, j'ai souvent expérimenté cette situation au sens propre comme au sens figuré. Perdue au cœur de villes étrangères où j'étais attendue, ou égarée dans l'intensité émotive de mes relations personnelles, je me retrouvais constamment entre deux sens uniques, entre le nord et le trop sud, entre une passion ou une peine d'amour, ce qui me causa un stress perturbateur important et un inconfort soutenu. Je remédiai à ces malaises, dans le lâcher-prise, et décidai de vivre ces situations avec curiosité, dans l'accueil de ce qu'elles avaient à m'apporter. J'expérimentai de précieuses observations sur moi-même dans un contexte stimulateur d'exploration, dans l'acceptation de certains égarements, instants riches d'enseignements et de découvertes de ce que la vie me proposait de voir.

Si votre cœur embrasse autant la joie que la peine, il pourra rester tendre et sage.

Martin Luther King jr

Le Noble chemin octuple est balisé de points d'appui solides servant de guides vers l'affranchissement de toute illusion, il est un chemin de soutien pour échapper aux conditionnements et aux mécanismes appris, nous gardant prisonnier d'un libre arbitre.

La cessation de la souffrance signifie le début et la manifestation du bonheur. Ce chemin permet de dépasser l'expérience de ce qui est heureux et malheureux. Faire triompher seulement ce que nous aimons ne nous conduit nulle part et nous éloigne de ce qui a été promis à l'Homme dans toutes les religions : la paix des profondeurs et la liberté intérieure.

Ne plus être impliqué à titre personnel, mais en tant qu'être libre de désirs et de souffrances, responsable de toutes décisions et actions.

Les HUIT NOBLES PRATIQUES

1 – la VISION JUSTE

Une vision claire de notre vraie nature et du potentiel dont nous disposons afin d'accomplir cette mission profonde qui nous habite, menée par la connaissance et la compréhension de l'impermanence et de l'insatisfaction. La vision juste nous permet de voir tout ce qui nous anime et nous entoure, sans rien déformer par les limites de l'attachement, des désirs, des illusions et des aversions.

2 – la PENSÉE JUSTE

Une pensée libre des émotions de haine, de jalousie et de colère menant à des actions posées dans l'ignorance et la dualité. Cette pensée n'est plus maîtresse et dictatrice, mais au service de l'intelligence du cœur et de l'esprit. Elle est une pensée dégagée de toute doctrine et de restriction, motivée par la compassion et la bienveillance personnelle et collective.

3 – la PAROLE JUSTE

Jésus a dit que le verbe prend forme et Bouddha nous rappelle à son tour la puissance de la parole en soulignant les ravages haineux qu'elle peut créer. En restant conscient de chacune de nos paroles, nous sommes invités à ne pas mentir, ni injurier, à ne pas bavarder futilement, ni à parler de façon grossière et désobligeante. La parole aimante, inspirée de noblesse et d'authenticité est l'outil d'une communication vraie, bienveillante et harmonieuse.

4 – l'ACTION JUSTE

L'action est directement reliée à la parole et à l'esprit, elle est juste lorsque nous agissons en accord avec ce qui se passe dans le moment présent, en respect de soi et des autres. Ceci exclut l'implication de l'égo et de l'attachement. L'action juste invite à l'application harmonieuse de ces cinq préceptes bouddhistes, aussi promus au cœur des grandes philosophies de l'humanité. Ces principes sont l'expression d'une morale fondamentale dans l'exercice de :

ne pas tuer

l'arbre dont le feuillage vous déplaît, l'animal domestique dont la compagnie ne vous intéresse plus, le prisonnier déjà condamné par son passé.

ne pas voler

ni un objet, ni de l'argent, ni un enfant. Voler est une violence, une barbarie née de la dualité.

ne pas mentir

le plus petit mensonge demeure un acte d'abus. Les mots faux prennent forme en maux perturbateurs de l'esprit. Le mensonge tue la paix.

ne pas s'intoxiquer

de toute substance addictive provocant un déséquilibre, voire un esclavage : technologie, drogue, alcool, nourriture, sexualité.

ne pas pratiquer un comportement sexuel inadéquat

dans la violence, l'illégalité, le non-respect, l'abus, éloignant ainsi l'acte sexuel de son potentiel gracieux de communion.

L'action juste cultive une pratique de clémence envers soi, la nature et tous les êtres vivants.

5 – les MOYENS D'EXISTENCE JUSTES

Les moyens de parvenir à ses besoins, sa profession, son travail, sont une extension de ce que nous portons en nous, une activité associée à nos aspirations profondes, l'expression de notre vision spirituelle. Gagner sa vie dans le respect de sa vocation, sans s'adonner à des activités illégales causant souffrance à autrui. Acquérir une richesse par des moyens honnêtes et sans violence.

6 – l'EFFORT JUSTE

L'effort juste appelle à la vigilance en vue d'une transformation profonde et durable. S'investir dans un effort supplémentaire quotidien, un geste affirmé vers l'affranchissement d'une peur, et le changement d'un comportement. L'effort de travailler sur soi, chaque jour. Ces efforts procurent un sentiment d'accomplissement et permettent de laisser derrière ce qui est nuisible en s'engageant davantage en ce qui est favorable pour la dissolution de l'égo et du Mental.

7 – l'ATTENTION et la CONSCIENCE JUSTE

L'attention juste, ou la pleine conscience, consiste à tourner l'attention sur l'observation de ses pensées, de ses émotions, des sensations du corps, et sur ce qui nous entoure. Le rappel à soi est de ne plus être endormi et inconscient, cette mobilisation ne peut se faire que dans l'instant présent. La conscience juste consiste à être présent dans le ici et maintenant, ne pas se perdre dans les mirages du passé et du futur, dans les illusions d'égo, dans les anticipations et les attentes. Être pleinement conscient, c'est d'accepter sans jugement ce qui est dans sa vie, dans l'instant présent. La conscience juste diminue les tensions et les souffrances liées à l'attachement et aux désirs non comblés et mène à une pratique de méditation profonde dans l'acceptation et l'amour de soi. Chacun des moments où vous ramenez votre attention sur ce qui se passe dans votre corps, vos pensées, et vos émotions, vous êtes en un instant de pleine conscience. La paix et l'équilibre recherché deviennent accessibles en la pratique du détachement, de la non-identification et de l'auto-observation.

8 – la CONCENTRATION ou la MÉDITATION JUSTE

La pratique de la méditation juste s'exerce dans la relation au corps et à la respiration, se dégageant des pensées dans le retour constant au présent, à la conscience personnelle. Des huit nobles pratiques, elle est la plus importante car elle soutient la vigilance nécessaire à la maîtrise des sept autres pratiques et mène à l'état de paix et de calme ultime déjà existant en l'humain. La vigilance étant la clé maîtresse à l'éveil de tout être et à la dissolution de l'égo.

Ces pratiques se font de façon simultanée et représentent entre elles « la voie du milieu ».

En se rappelant que la joie, la tranquillité régulière du corps et de l'esprit, la sérénité psychologique, et le lâcher-prise sont les bases d'une démarche fructueuse.

« Les hommes qui dorment encore vivent chacun dans un monde différent; ceux qui sont éveillés vivent dans le même monde.» - Héraclite

la CRÈMERIE

Un matin, j'arrive en surprise à la résidence de l'Oubli, pour accompagner ma précieuse mère pendant son petit déjeuner. Elle me regarde avec les yeux d'une femme qui n'a pas vu son enfant depuis des lunes, moi qui la prends dans mes bras tous les jours.

Si polie et soucieuse, ne voulant surtout pas générer de travail supplémentaire aux employés, elle essaie de se lever pour gérer nos assiettes et cabarets.

Attends mamou, je vais t'aider. Viens t'asseoir, je vais aller chercher une autre assiette. Tu peux rester assise, je reviens tout de suite, lui dis-je.

- Oui avec du... voyons, c'est ...c'est... Elle touche sa bouche en me regardant.

- Du café ?

- Oui, c'est ça. Coudonc, je suis en train de devenir folle ?! Que je suis chanceuse de t'avoir.

- C'est moi qui suis chanceuse, maman. Je l'embrasse et vais nous chercher des cafés.

Rassurée, elle ramène son attention discontinue sur le sentier balisé d'arbres. La proximité des arbres dans son quotidien est le premier critère du choix de ses différents lieux de vie. Elle a vécu en diverses villes, mais toujours à quelques pieds d'une piste cyclable ou sur la bordure d'un parc garni de sentiers et d'arbres centenaires. Ces feuillus solides sont pour elle l'élément de la nature garant de son équilibre et de son enthousiasme. Philosophe d'une grande sensibilité, sa connexion à la nature et à ce qu'elle abrite est l'emblème de son épanouissement. Elle n'a de cesse de s'émerveiller devant une minuscule fleur de Normandie ou un arbuste jauni sur lequel elle se penche en guise d'amour et de compassion. Cette femme, éprouvée par les tornades dévastatrices de l'amour, est restée ouverte à la vie et reconnaissante de ses merveilles; elle a choisi, pour assurer le bonheur de ses enfants, d'avancer du côté lumineux de l'expérience humaine.

Après quelques petites tâches ménagères effectuées sous son regard, dans le rire et l'humour, je mets ma mère au lit, pour une sieste d'avant-midi, devenue incontournable. Le sommeil a pris une place prépondérante dans cette vie décousue et trouée par la disparition de mots, de visages, d'histoires, telle une fine écharpe mangée par les mites.

En après-midi, nous nous permettons une visite à la crèmerie de notre quartier, sachant la possibilité de provoquer un spectacle gratuit comme il est si facile de le faire avec le peu de compassion dont font preuve les humains, tous plus prisonniers les uns que les autres du jugement et de la peur de la différence. Nous entrons toutes deux, après une longue et laborieuse marche de vingt pieds. Trois enfants sont à prendre une décision importante, chocolat ou framboise ? Maman me regarde, pour obtenir mon approbation, et se dirige vers les petits clients. Elle a toujours dit qu'elle désirait avoir six enfants. Dans sa déception, elle ajoute que la vie ne lui en a donné que deux, mais qu'ils sont la perfection, la crème des crèmes. Elle explique et rappelle à tous les parents que les enfants sont des êtres sans défense, parfaits et innocents à qui l'on doit un amour dévoué et une protection infaillible. Aussi longtemps que sa lucidité lui a offerte, elle fut gouvernante au sein d'une famille, s'occupant des soins et activités des tout-petits à leur domicile. « *Je ne peux pas me retenir* », dit-elle, lorsque nous croisons un enfant. Elle veut le toucher, lui parler, idéalement l'embrasser. Dans son grand respect, elle connait la limite qu'elle doit garder, pour ne pas trop déranger les parents à qui elle explique immanquablement qu'il est très important de profiter de chaque instant en leur présence car ces petits anges grandiront trop vite et, un matin, ils auront cette allure. Elle me désigne de sa main douce que je prends tendrement. Nous sourions tous à cette sagesse, cette dignité soutenue, telle une orchidée blanche déterminée à grandir dans la grâce et la finesse, malgré la sécheresse et les parasites.

Les deux glaces en main, j'accompagne maman vers la porte. Sur notre trajectoire, nous croisons une dame que maman connaît, mais qu'elle ne reconnaît plus. Je lui souffle discrètement le nom à l'oreille et elle fait semblant de se rappeler des anecdotes exposées et rit de bon cœur sur des souvenirs inaccessibles. La dame quitte enfin, douteuse mais souriante. Nous descendons de peine et de misère les six marches de béton donnant sur la petite terrasse de la crèmerie. Des enfants et des musiciens y jouent, librement. Mamou est aux oiseaux. Le soleil apaise son insécurité et réchauffe son corps crispé de ne plus trouver l'espace du profond repos.

Tous les jours, elle revisite un passé nébuleux dans lequel des fantômes s'animent. Puis, elle lève la tête sur les photos de nos visages qui occupent un mur entier de son oasis, et s'exclame de ravissement, devant nos sourires et nos yeux qui la regardent.

Je l'observe, toujours aussi belle, sous ses rides et regrets. Elle prie tous les soirs, elle qui a choisi, il y a trente ans, l'apostasie.

La dégradation de son état m'a fait pleurer pendant longtemps, mais maintenant, je me concentre à enjoliver la vie qu'elle arpente et je m'accroche à l'escarbille de lumière qui vacille au fond de ses yeux voilés. Je ne suis pas prête à la perdre, ni la mère qui fut un modèle, ni la femme une amie. Pour me consoler d'elle qui ne me reconnaît pas, je me dis qu'elle est en voyage quelque part où il fait bon.

En fermant les yeux, la Vérité émerge

L'espace tombe sans prévenir
le corps s'abandonne
dans les mains d'une sagefemme
inconnue d'elle même.
Elle prend l'enfant qu'elle détache
du tronc comme un fruit.
L'enfant tombe dans la main du hasard
roule un moment avant de s'arrêter.
Il faut reprendre la ligne
après cette embuscade du temps
contre les futaies du sens.
L'enfant s'accroche ne pouvant
autrement savoir ce qui en est
de sa présence ou de son absence
les deux se conjuguent sur la page
d'un livre surgi on ne sait
d'où sur la corniche
d'une fenêtre orientée
vers la lumière qui permet
aux lettres d'émerger de la
noirceur comme le corps
de la glaise un jour
reçut la clé de son existence
avant d'être mis en marche
par l'esprit qui moud les mots
pour les rendre à eux-mêmes.

Extrait d'un recueil inédit, *Les voix du silence,*
de Jean-Nöel Pontbriand

Brise d'HUMANISME

En ce matin de mars, je sors de l'appartement pour me rendre à ce petit café où je trouve paisible de corriger les textes de cet ouvrage. En mettant le pied sur le trottoir, une dame m'offre gratuitement un de ces regards lumineux, accompagné d'un bonjour chantonnant. Quelques mètres plus loin, je croise une jeune mère arborant un sourire dont le rayonnement illumine mon visage. Elle gambade derrière la poussette d'un bébé, heureux de sa situation. Entre les regards de yeux pétillants et la candeur du matin, je parviens à me rendre au Café, rechargée de ce que l'humanité a de plus puissant, la communication. Belle joie matinale. Est-ce moi ou les gens sont vraiment présents ce matin ? C'est pourtant un lundi ordinaire, journée de la semaine durant laquelle l'humanité nord-américaine tend à bouder ou à mordre.

Doublement enthousiaste, je m'installe devant la fenêtre. L'activité du Café motive ma réflexion et mes élans créateurs. Bien installée à ma petite table, décaféiné et croissant en main, je lève la tête sur le bus qui s'arrête juste devant la fenêtre. Un seul homme y monte. Il parle à la conductrice de l'autobus en gesticulant, et sans payer, se dirige vers l'arrière du véhicule. La conductrice l'observe de son miroir. Le bus reste immobile. L'homme se penche sur un banc, y prend un sac à dos et une revue. Il revient rapidement à l'avant, remercie longuement la dame au volant, qui l'écoute d'un air surpris et ravi. Ils se souhaitent mutuellement une bonne journée et l'homme descend du bus, sourire jusqu'aux oreilles, étonné et heureux d'avoir récupéré son sac à dos qu'il avait oublié sur le siège de l'autobus achalandé, lors du trajet précédent. Il passe devant ma fenêtre et me fait bonjour de la tête. Je lui réponds, heureuse de sa découverte et estomaquée de constater que personne n'avait volé le sac à dos laissé sur le banc d'un bus d'heure de pointe sur le trajet d'une métropole de plus de deux millions d'habitants.

Un vent d'humanisme a soufflé ce matin entre les rue Saint-André et Mentana, et j'ai eu le privilège de m'y trouver. J'ai cru entendre qu'une série de ces courants d'air d'humanisme allaient prendre d'assaut la Terre, tout en douceur, tout en tendresse. Enlevez vos craintes et vos lunettes fumées, levez la tête sur le monde et sur la simple beauté de notre réalité.

J'aime la race humaine lorsqu'elle s'humanise.

SIX VERTUS À CULTIVER

selon le Bouddhisme

GÉNÉROSITÉ	antidote de l'avidité
MORALITÉ	antidote de la luxure
PATIENCE	antidote de la colère
ÉNERGIE	antidote de la paresse
MÉDITATION	antidote de la distraction et de la dispersion
SAGESSE	antidote de l'ignorance

Je M'IMAGINE…
si tout le MONDE avait trouvé sa VÉRITÉ

Je m'imagine parfois, pour me faire plaisir, que tous les êtres humains ont retrouvé leur divinité, leur mission, leur vraie nature, une connexion à eux-mêmes et aux forces énergétiques environnantes. Pour avoir eu un aperçu de la relation continue entre nous et l'univers, j'ai personnellement foi en cette avenue où l'humanité entière aura accès à la béatitude dont elle est issue. Pour me faire plaisir, je nous imagine tous, conscients de chacune de nos actions, offrant des sourires authentiques, des regards sincères, partageant une écoute empathique, dans un corps enfin libéré de ses mémoires toxiques. Ce jour où la nourriture sera mangée et cueillie dans le respect, où les enfants seront mis au monde dans l'amour et élevés dans la pleine conscience de leur sublimité et de celle des autres.

Si chaque matin, à la levée du jour, l'Homme accueillait la lumière comme un cadeau inestimable, et goûtait au privilège d'être présent à ce spectacle, il se souviendrait qu'être vivant est une responsabilité sacrée. Ce jour-là, il entendra le chant des oiseaux avec humilité.

D'ici le jour J, donnons avec noblesse, recevons avec humilité, aimons avec indulgence, en toute conscience.

Si le monde entier était en train de respirer consciemment, on entendrait respirer l'univers.

AUTOBIOGRAPHIE en 5 chapitres

de Potia Nelson

1
Je descends la rue.
Il y a un trou profond dans le trottoir
Je tombe à l'intérieur.
Je suis perdue… je suis désespéré
Ce n'est pas ma faute.
Il me faut longtemps pour en sortir.

2
Je descends la même rue.
Il y a un trou profond dans le trottoir
Je fais semblant de ne pas le voir.
Je tombe à l'intérieur à nouveau.
Je ne peux pas croire que je suis au même endroit.
Mais ce n'est pas ma faute.
Il me faut encore plus longtemps pour en sortir.

3
Je descends la même rue.
Il y a un trou profond dans le trottoir
Je le vois.
Je suis à l'intérieur quand même…c'est une habitude
J'ai les yeux ouverts
Je sais où je suis
C'est de ma faute
Je sors de là aussitôt.

4
Je descends la même rue.
Il y a un trou profond dans le trottoir
Je le contourne.

5
Je prends une autre rue.

Rien n'existe lorsque je n'y suis pas

MAMOU

Ce soir, je lève les yeux sur la lune. Ma mère est morte et je n'ai pas encore ouvert les digues retenant mes sanglots. Je suis à terminer les derniers mots de ce livre que ma courte mort m'inspira et que sa mort irrévocable fermera.

Depuis que le fil de la réalité a commencé à glisser entre ses doigts, je l'ai accompagnée sur le sable mouvant de la démence. Mille fois je lui ai murmuré, le cœur en larmes, « *Fais-moi confiance maman, laisses-toi aller, continue ta vie. Je suis ta mémoire, et je serai toujours là.* »

- « *Je sais ma chérie, je ne m'inquiète plus.* », me disait-elle droit dans les yeux.

Femme d'une grande beauté, elle a su cacher, derrière ses traits fins et délicats, les soucis d'une vie trop vulgaire pour une telle grâce. J'ai longtemps cru qu'elle était invincible. En fait, elle était le symbole de la résilience le plus puissant que je connaisse. Malgré les défis de taille auxquels elle a dû faire face, elle demeura souriante, gracieuse, dispersant autour d'elle compassion et clins d'œil d'esprit, avec ce sens de l'humour invincible qui la rendait si attachante.

Lors de nos conversations téléphoniques, elle me répétait avec la même conviction :

« *Manon, je suis tellement chanceuse, je n'ai aucune raison de me plaindre. J'ai beau chercher, je ne trouve rien. Mon corps est en santé. Tout va bien. Je suis tellement chanceuse d'avoir d'aussi bons enfants. Vous avez la bonté de votre père.* »

Je lui ai souvent dit, lors de ses moments de lucide compréhension de sa maladie, que lorsqu'elle ne me reconnaîtrait plus, moi je la reconnaîtrais encore et qu'elle pourrait toujours sentir mon amour dans mes caresses sur son visage, sur la peau si douce de ses mains, que mon amour pour elle se foutait de la frontière du temps et de la mémoire, qu'elle me reconnaîtrait dans l'amour de ma voix.

Au cours des derniers jours, dans un souffle oppressé par une existence de souffrances malignes, elle me regarda derrière le voile de la fin et me murmura, d'une voix claire et lucide :

« *J'ai demandé à Dieu ce que j'avais fait pour mériter ça. J'ai mal. Non, je n'ai pas mal, je suis mal dans mon cœur, je ne me sens pas bien dans ma tête. Quand j'étais petite, ils disaient qu'on serait punis pour ce qu'on a fait. Je me demande ce que j'ai fait pour avoir eu une vie aussi...* (elle laisse mourir le mot qu'elle ne daigne prononcer, par souci de me blesser). *C'est la fin. Je m'approche de la fin et j'ai peur.* »

J'ai peur, me dit-elle, en me regardant droit dans les yeux. Je lui dis avec tout l'amour qu'elle a déposé en moi depuis cinquante ans : « *Maman, n'aie pas peur et laisses-toi aller. Je te promets que c'est très beau où tu vas et que tu seras bien. Fais-moi confiance, je te jure que tu seras bien. Promets-moi de ne plus avoir peur.* » Elle dépose son regard au fond du mien. Un silence. « *Je te promets.* » Je combats mille sanglots. J'aurais tellement voulu lui dire que j'étais morte un jour et que je ne voulais plus revenir tellement c'était beau et réconfortant. Je la pris dans mes bras et la serrai aussi fort que son corps fébrile et chétif me le permettait. J'ai essayé de lui donner, avec mes yeux d'enfant, toute l'assurance dont elle avait tant besoin. On s'est tenu la main pendant des heures. Elle est repartie dans le brouillard insécurisant qui meublait son esprit depuis un an.

Elle me disait, il y a quelques semaines :

« Ma vie a été difficile, mais je ne me suis jamais laissée aller, je suis restée forte, j'ai essayé. Je n'avais pas le choix. » De tous mes guides et confidents, elle fut de loin la plus profonde et lumineuse. Ses conseils qui n'en étaient pas, ses encouragements continuels dans toutes les situations que j'ai amenées sur ses genoux, soient-elles tragiques ou nébuleuses, furent accueillies sans jugement. Cette relation d'âmes me transformera éternellement. Elle était le témoin de ma vie et son regard bienveillant me manquera jusqu'à ma propre mort.

En cherchant ses mots et en déformant les verbes, elle traverse les murs du vocabulaire avec véhémence, pour venir porter son message au creux de mon être, dans le cœur de l'enfant que je fus, celle qui écouta chacune de ses paroles comme des enseignements riches, des bouées de sauvetage que j'ai gardées. *« Tu choisis ta vie, toujours, c'est toi qui choisis ta vie. Tu as fait ce que tu voulais parce que tu étais convaincue que les choses allaient se produire. Moi aussi, j'ai compris, mais beaucoup trop tard parce que dans ma famille, personne ne savait que c'était possible de dessiner sa vie. Moi, j'ai décidé de ne pas m'inquiéter, c'est beaucoup plus facile et les choses se placent. Si je n'avais pas vu la vie comme ça, je serais devenue folle. Quand j'ai compris ça, ça m'a permis de passer au travers. J'ai toujours su que tu allais passer à travers tout, parce que tu as toujours décidé de ce que tu voulais, tu n'as pas attendu. Continue ma chérie, continue de choisir. »*

C'est l'heure de se quitter. Son visage est tendu, elle souffre, terrifiée, elle se bat. Le sang quitte ses pieds fins et ses gracieuses mains, son visage est pâle, son souffle est un fardeau, le dernier poids de sa vie. Je tiens la main de mon frère et celle de ma mère. Puis, sur le silence de ses dernières respirations, son visage se transforme, ses traits s'adoucissent... sur son tout dernier souffle, elle verse une larme.

Mon frère et moi l'avons portée dans nos bras, dans la noirceur du vide laissé par le départ des souvenirs.

Au revoir maman. merci, merci, merci !

L'homme attend que surgisse
l'eau du rocher de ses mains
nées comme son corps
d'un reste d'infini jeté
dans l'espace en même temps
que la lumière avec le végétal
né de la terre et de l'eau.
Les fleurs se dispersent
avant de fleurir elles s'abreuvent
lentement. Dans la source rebelle
naissent des mouvements inconnus
toujours recommencés sans savoir
d'où cela surgit ainsi posé
sur la lande comme des oiseaux
enracinés dans l'azur.

Extrait du recueil inédit, *Les voix du silence,*
de Jean-Nöel Pontbriand

À PROPOS DE L'AUTEURE

Enseignante de la Pleine Conscience, conférencière et coach de vie, Manon Breton œuvre dans la santé globale et le travail thérapeutique en partageant une approche qui invite à une rencontre avec soi, dans l'acceptation de ses limites. Son travail est basé sur la Réduction du Stress par la Pleine Conscience (Mindfulness), qui invite à vivre dans le moment présent, en observant sans jugement ce qui se passe en soi. Cette démarche offre des outils pratiques pour le mieux-être du corps, l'ouverture du cœur et le calme de l'esprit.

Elle donne des formations et ateliers de Pleine Conscience en milieux scolaire, hospitalier, corporatif et carcéral.

Elle est qualifiée enseignante de Mindfulness de l'Université du Massachusetts (MBSR), *UMASS Medical School* et diplômée en psychologie, initiée en Programmation neurolinguistique (PNL) et certifiée professeure de yoga RYT. Elle détient également une formation en toxicomanie et fut accompagnatrice en soins palliatifs.

Les lecteurs intéressés à en savoir davantage sur le travail de Manon Breton peuvent consulter son site *www.manonbretonmeditation.com* ou lui écrire à l'adresse courriel *be@manonbretonmeditation.com.*

Vous pouvez également contacter l'artiste illustrateur Stéphane Breton à l'adresse courriel *salutbreton@gmail.com.*

« Mon travail porte sur le développement de l'être humain et de ses capacités illimitées. »

MARQUIS

Québec, Canada

RECYCLÉ
Papier fait à partir de matériaux recyclés
FSC® C103567
FSC www.fsc.org

Imprimé sur du Rolland Enviro,
contenant 100% de fibres postconsommation,
fabriqué à partir d'énergie biogaz et certifié FSC®,
ÉCOLOGO, Procédé sans chlore et Garant des forêts intactes.

PERMANENT 100% BIO GAZ ÉNERGIE Garant des forêts intactes[MC]